「未来への教育」シリーズ②

グローバル化時代の子育て、教育「尾木ママが伝えたいこと」

教育評論家
尾木直樹
協力：臨床教育研究所「虹」

ほんの木

CONTENTS

未来への教育シリーズ2

グローバル化時代の子育て、教育
「尾木ママが伝えたいこと」

尾木ママの
被災地・石巻での講演レポート …… 4

上海視察インタビュー
尾木ママ、〈上海の教育現場〉を行く!!
日本の教育はグローバル化する世界で通用するのか⁉ …… 10

第1回
原発事故後の日本をどうデザインするか?
戦後最大の困難の中で
明らかになってきた日本の課題 …… 34

対談
尾木直樹（教育評論家）
リヒテルズ直子（オランダ教育・社会研究家）

グローバル化時代の子育て、教育――尾木ママが答えます
教育問題、学習相談、子育て相談…
これで悩みもスッキリ解消！……60

尾木ママの部屋……88
「キャ、かわいい！」にオドロキ
心で感じたことをそのまま言葉に出す
知識層は心で考えられないのよ
ニックネームは「どうしたの先生」
言い訳している子どもの辛さを知って

子どもたちを取り巻く今、未来がわかる
尾木直樹の「ニュースの分析」
〝教育@インサイト〟……96

震災後を生きる子どもたち……107

OGI NAOKI THE BEST BOOKS
尾木直樹著　ベストブックス……113

読者の皆様と編集部で作るページ……117

尾木ママの被災地・石巻での講演レポート

東日本大震災で大きな被害を受けた石巻の桃生中学校で、尾木ママの講演会が2011年10月に開催されました。当日は、子どもたちを対象にした講演会と保護者向けの講演会の2部制で、のべ1000人を超す方が参加されました。尾木ママも「子どもたち、先生方、お母さんたちから一杯元気をもらい、これからもメディアを通して石巻の実態・願い・希望・決意を伝えていきます」と語る、感動の一日でした。

尾木直樹
教育評論家

宮城県石巻市での講演

講演会は、これまででもう3千回近くやってきました。中でも最も緊張を強いられ、真っ向勝負を挑まざるを得ないのが、子どもたち対象の講演です。大人は話術である程度は対応できるものの、子どもたちはどんなに正しく大切な内容であっても、話が「面白くない」と感じれば、居眠りやおしゃべりを始めます。だから、子どもたちへの講演はある意味、引き受けるのに相当の「覚悟」がいるのです。

昨年10月に石巻市で行った講演は特別でした。その講演は、3・11の未曾有の震災と津波の被災地・宮城県石巻市の先生からの依頼だったからです。昼間は小5・6年と中学1～3年生に、夜は保護者と地域の方への、昼夜にわたる連続講演です。

正直なところ、「何がお話できるのだろうか」と不安もよぎりました。が、そこは、積極的行動派の尾木ママ。きっと、何とかするに違いないという甘い自己信頼感と見通しのもと、「えいやっ！」とばかりに気合を入れて引き受けたのです。

今回の地震と津波で親や兄弟、祖父母、親戚などを何人も亡くしている多くの教職員や保護者、そして何より子どもたちを前に、いったい何を語り励ますことができるのか――。あまりにも厳しい現実を前に、言葉が無力に思え、心は空回りして焦《あせ》りました。

2、3カ月ずっと考え続けたんですけど結局思い浮かばず、とうとう「白紙」のまま講演前日を迎えてしまいました。

石巻市立 桃生中学校

困ったときは子どもに頼る

そこで、「とことん困ったとき、これまでの自分はどのように乗り越えてきたっけ？」と過去を振り返ってみることにしました。こうしてたどり着いたのが「わからないときや困ったときには必ず子どもに相談する、子どもを頼るのが一番」という教訓です。

講演を前に、土壇場で子どもたちに頼ることに腹を固めました。檀上に上がって子どもたちの表情を見て、心に感じるままに話し始めよう―そう決めたのです。

会場の石巻市桃生町の桃生《ものう》中学校の体育館は、地域4つの小中学校の児童生徒で一杯でした。体育館後方のブルーシートの上の子どもたちのランドセルやカバン一つ一つに、白いヘルメットが一緒に置かれていたのを見て、東京の日常と違う緊張感を覚えました。でも、それもつかの間。壇上に上ると僕を見つめる子どもたちの目の輝きや表情が目に飛び込んできました。「やあー、こんにちはー。尾木ママでーす」と手を振るや、会場は一気に打ち解けた空気になりました。

こうなれば、もう大丈夫。子どもたちがよく知る芸能人の話やなでしこジャパンの活躍を例に引きながら、「個の尊重」や「つながって生きる意味」について子どもたちと心を通わせながらの60分を過ごしました。

講演後に子どもたちに感想を書いてもらったのですが、ある生徒が、「尾木先生の話を聞いて、ありのままでいい、素のままでいいということを改めて見つめ直すことができました」と書いてくれました。この感想を読んで、今回の石巻講演の達成感と安堵《あんど》感が私の体の中から湧きでてきました。その生徒の感想文を次に紹介します。

ありのままでいい、素のままでいい

「尾木先生の講演会では、楽しみながらたくさんのお話を聞くことができました。いつもテレビで見ている人が自分たちの前にいるなんてとびっくりしたし、うれしくもありました。たくさんのお話の中でも私が心に残っていることがあります。

それは尾木先生が『ありのままの自分でいい』という風に話をしていてその言葉が私の胸にすごく響きました。中学3年生になって、受験生となり、どんどん時間が過ぎていく中で本当に今の自分でいいのだろうか、こんな自分でいいのだろうかと悩んでいました。けれど尾木先生の言葉を聞き、あらためてありのままの自分と向きあうことで見えてくることもあるのではないかと考えさせられました。この先生の言葉へのとらえかたはたくさんあると思いますが、私は今の自分にとって大切な言葉を頂いたと思いました。

尾木先生のお話は、楽しさ、おもしろさもありながら、すごく背中をおしてくれるような力強いメッセージをたくさんもらえたと思います。私は先生の言葉から勇気を頂いたし、今までの自分をあらためて見つめ直すことができました。今回の講演会で得たものをこれからの生活で活かしたいと思います」

この日、体育館で僕の話を聞いた約400名の子どもたちの声を一人ひとり聞いて受け止めていったなかで、もちろんまだまだ未解決の大変深刻な問題も山積していますが、このような、大人では見えない希望への気付きも見えてきました。

子どもと共に大人が学ぶこと

実は、講演先の石巻の小学校に着いたとき、日本の学校や地域でよく掲げられる挨拶運動だとか挨拶日本一というスローガンのことを考えていました。なんで挨拶日本一じゃなきゃいけないのか。挨拶したくないならしなくていいじゃないか。うつむいていたら校長先生がどうしたの？　と声をかけたっていいじゃないか…。前々から疑問に思っていました。

先生たちが頑張っているのは確かなんですけど、頑張りが一つのモデルの良い子を養成していくという頑張りになったときに、型にはまった良い子ではない子の行き場がなくなっちゃうんです。頭の良い子は、どんどん先生の要求に合わせた子どもになっていくんですが、そういう子でも大学生になると空洞化している自分に気付き、潰《つぶ》れていくんです。

中学・高校時代にどんなに優秀で、積極的に生徒会活動を担ってきた子でも、大学に入ってどんどん潰れていきます。人生というのは学校で促成栽培できるほど甘くはありません。自己が空洞化している良い子が一番危険なのです。僕の教え子を見ていても、社会に出てから活き活きと活躍している子は間違いなく「ちょい悪」気味。先生方をちょっと悩ませていた子は、大物になっている場合が多いです。

今の学校教育では、「ありのままでいいんだよ、素のままでいいんだよ」ということが、教師から語られることなどほとんどありません。僕が先生方にそういうと、「そんなこと言ったら教育が成り立たないじゃないですか」って叱られるんですよ。遅刻をしないようにしていく、勉強ができない子をできるようにしていく、なんでも目標を掲げて数値化するように教育制度がゆがめられています。そして教師は、そこを後押しするのが中心的な仕事だと思い込んでいる。でもそれは全く違うと思いますね。

この日は、「ありのままでいいんだよ、もっと弱音を吐きなさい、辛かったら辛いと周りの大人や仲間に発信していいんだよ…」というメッセージを石巻の子どもたちに伝えることができました。

学校の先生や周囲の大人は、子どもたちがこうしたい、ああしたいということを後押し、サポートすることはできますが、最後に決定するのは子どもたち自身なのです。子どもたちが、ここにもうちょっと踏みとどまっていたいと思ったら踏みとどまっていいんです。子どもたちが迷っていたら、なにか正解を出さねばならないと教師や親が大人の立場から、ああでもないこうでもないとオロオロしたり力んだりするのではなく、「子どもに頼る」—。すると、まるで霧が晴れるかのように展望が見えてくるから不思議です。こうして導かれた答えこそ、最も的確で力強いのです。

大震災以降、被災地の学校では依然として混乱が続いています。子どもや教師、そして親の誰もが、完全に解決の糸口が見えない状況で苦悩しています。

そんな状況でも子どもと大人が共に学び、上から目線ではなく、まなざしは横から。子どもと共に地域をどう作るのか、国づくりをどうするか、そしてどう生きるのかを考えていく。そうすれば必ず答えが見つかります。子どもは叡智《えいち》の宝庫です。僕自身がそれを再認識できた一日でした。

上海視察インタビュー

尾木ママ、〈上海の教育現場〉を行く!!

日本の教育はグローバル化する世界で通用するのか!?

中国の子どもや教育というと、一人っ子政策による弊害や激しい受験戦争ばかりが取り上げられ、長期的視点で進めている教育改革はほとんど報じられていません。しかし、中国の最先端教育を見た尾木ママが感じたのは、「これはいかん、日本は完全に置いてきぼりだ」ということ。急速に進むグローバル化に日本の子どもたちは対応できるか、幸せに暮らせるか——上海で進む教育改革の成果から、未来をつくる教育について考えます。

日本のマスコミが伝えない中国の最新教育事情

上海（中国）が「学力世界一」という誤報

今回、上海の教育機関に視察に行った背景には、これまでPISA（OECD生徒の学習到達度調査）でフィンランドが独占していた「学力世界1位」の座を、2009年に初めて参加した上海が圧倒的な点差で獲得したことがあります。

例えば、読解力で上海は556ポイントなのに、2位の韓国は539ポイントと、かなりの得点差があります。数学的リテラシーも上海は600ポイント。2位のシンガポールは562ポイント。科学的リテラシーは上海が575ポイント、2位のフィンランドが554ポイント。これも大差があります。上海は、どの教科でも20～50ポイントの大きな差をつけて、断トツ首位の状況なんですね。

ただし、これをもって日本のテレビ局や新聞社では、1位中国（上海）、2位韓国、3位フィンランドなどと並べていたところがありましたが、これは完全に間違いです。上海という一地域と国全体を一緒に並べて順位をつけることはできません。当時、中国が上海しか参加しなかったのは、国家の威信をかけてトップを取るために、あえて条件のいい上海だけを参加させたのではないか、と思っていました。

なぜなら上海は、中国全土のカリキュラムよりも授業時間数を上乗せをした独自の「上海カリキュラム」を採用してお

いざ上海の小学校へ。「なぜ上海の子どもたちは世界一頭がいいのか」が知りたい。

初めての中国教育視察で知りたいこと一杯。「何よりも子どもたちに会いたいで～す♡」

日本からおよそ3時間、中国東部に位置する上海への教育視察にいよいよ出発です。

り、中国全土の大学進学率は20%くらいなのに、上海は倍以上の45~46%という特別な地域だからです。

　事実OECDの本部では、1位を上海だと言ったことは1度もなく、韓国とフィンランドが同点なので、1位は韓国、フィンランドとして、上海は参考地域にしか入っていないんです。

「活用力」「生きる力」につながる上海の学力形成

　ただし、実質的に上海が1位であることは間違いありません。上海に行く前、「上海ではPISAで1位を取るための特別なトレーニングをした」という内部リポートを読んでいたので、NHKが上海の教育委員会を取材に行った番組で、「練習はしてません。89年からの第1次教育改革の成果が表れたのです」と言っていたのを見て、「本当かな」と思っていました。

金盟小学校の校舎。4階建てで小ぢんまりとしていますが、機能的に設計されています。

入り口で校長先生がお出迎え。「よろしくお願いします」と挨拶を交わしました。

金盟小学校の入り口にあったプレート。

　ところが、実際に行ってみると、いわゆる日本のようなテスト対策をやっていなかったのは本当でした。さらに取材を進めるうちに、上海では、解答のスピードが問われるような暗記型の受験学力ではなく、PISAでいう「活用力」、いわゆる「生きる力」につながっていくような学力形成に成功し、そのことが学力の向上にもつながっていることが明らかになってきたんです。

　今回の視察では、上海市の教育委員会の基本的な考え方と仕組みづくり、先生たちの意識、さらに生徒の家庭にもお邪魔して、お父さんの手料理を一緒に食べながら家庭の意識についても話を聞きました。その中で僕がまず感じたのは、日本のメディアは何を見てきたのかということです。

　上海の教育委員会は、「これまで日本から4つくらいのテレビ局が取材に来ているが、日本のメディアはまともに報道してくれない」と言うんです。だから、今回の取材も最初は何度も断られました。でも、最後に僕のプロフィールや資料を持っていったら、「この人なら」とＯＫになったんです。

このままでは日本は完全に置いてきぼりだ

1時間半くらいの取材が終わった後に、「こんなにわかってもらえたのは初めてだ」と喜んでもらえました。そういう意味でも、今回の取材ではかなり正確な聞き取りができたと思います。上海のさまざまな教育現場をトータルで見て思ったのは、「日本はこのままではいけない、日本は完全に置いてきぼりだ」ということです。

臨床教育学は常に現場を大切にする学問です。「百聞は一見にしかず」―改めて現場に入ることの大切さを感じた4日間でした。

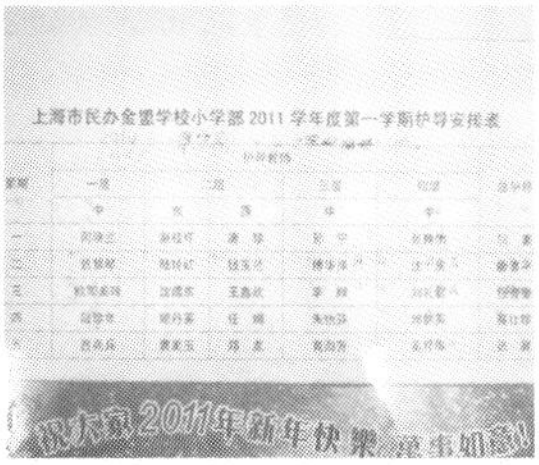
校長先生の机上に貼られていた学級担任のリスト。

校長先生との懇談。金盟小学校は上海でも優秀な私立学校です。

金盟小学校の校庭。陸上競技用のトラックや人工芝のグラウンドが整備されています。

中国人は学ぶことの重要さを身に染みて知っている

中国の学力問題を理解する上で欠かせないのは、1966年から76年まで続いた文化大革命です。「資本主義文化を批判し、新しく社会主義文化を創生する」というスローガンのもとで進められたこの運動は、まず事業家などの資本家層が弾圧の対象となり、さらに知識人や文化人が殺されたり追放されたりと、多くの人材や文化財が被害を受けました。

この世代は毛沢東主義を暗記させられ、強制労働によって学ぶことを奪われ、農村での農業を強要されました。住居の自由もなく、建設したビルに住まわされるという人生を送ってきました。

ですから、今の60代、50代、あるいは40代には、そうした体験を子どもたちにさせてはならないという思いが根っこにあるんです。歴史的な体験によって、学ぶことは本当に重要だということが身に染みている。

このことを抜きにして、「今の中国人は子どもを塾へ通わせ、日曜日も休まず勉強をやらせている。受験熱が加熱してる」なんていう報道をするのはまったくの見当違いです。

一人っ子を弱点として捉えず長所にしてしまう

また、一人っ子政策についても、日本の報道では、一人しか子どもが作れないから甘やかして育て、「小皇帝」と言われるわがままな子どもが育っているという内容ばかりです。

それも事実でしょうが、目からウロコだったのは、「みんな一人っ子だから、学校では兄弟になろう」と言っていることです。こういうものは「ヒドゥン・カリキュラム（隠れたカリキュラム）」と呼ばれますが、学校の文化として「落ちこぼれる子や勉強できない子はできる子

まずは小学5年生の数学の授業へ。授業の始まりは日本とよく似ていました。

教科書は立て、背筋をピンとたてて、みな同じ姿勢で授業を受けています。

視察した小学5年生の算数は日本なら中学1年生の内容でした。尾木ママもオドロキ。

が救おう」ということになっているんです。

だから、授業でうまく答えられると、みんなで称《たた》え合って拍手する。教師も「子どもはほめて、認めなくちゃいけません。体罰なんてとんでもない」と言うんです。

いじめで疎外される子が出ても、その子が日本のようにクラス内で孤立して一人になることが少なく、自殺には至らないそうです。

ある中2の子どもの家庭にうかがった時には、お父さんが「一人っ子だから、一歩外に出たらみんな兄弟です」と言うのには驚きました。そのお父さんは、同じ団地の子どもの名前を全員知っているんです。

一人っ子を弱点として捉えず長所にしてしまう。これも、これまで報道されなかったことの一つです。

「未来型の学力」を育てる、上海の教師と学校教育

「基礎力」を7割、残り3割を「探求・開発」に

上海の子どもたちが、PISAの「活用力」「生きるためのリテラシー」といった未来型の学力が形成できているのにはいろいろな要因がありますが、「基礎力」を7割、残りの3割を「探求と開発」に重点を置いていることがいちばん大きいと言っていました。

探求と開発は、日本では「総合学習」が目指していることで、小学校では一定の成果を上げましたが、中学校で失敗し、ゆとり教育の批判へとつながりました。しかし、上海ではこれを貫いています。

授業では、子どもたち自身で問題を考える時間を多く取り入れています。

「子どもたちが鉛筆持つのに1秒もかかってない」「日本では30秒あく」と尾木ママ。

先生に課題にとりかかるように言われたら、子どもたちはすぐに行動を起こします。

例えば、中学校の英語の授業では、英文の中に「中国で一番高い山はチョモランマである」といった文章が出てきたり、川の名前が出てきたりします。

あるいは、2000年以降の中国の自動車の販売台数の折れ線グラフが出てきて、先生が「このグラフを解説できる人？」と言うと、手を上げて指された生徒が、「何年は何台で、現在はこうした傾向にある」と、グラフから読み取った内容について英語で発表していました。

このように英語の中に地理もあれば歴史もあれば、経済も入っているんですね。これが、まさしく英語によるコミュニケーション力を付ける教育です。

全教科の冒頭2分間は英語を学ぶ

もっと驚いたのは、数学の授業をやっている教室に入ろうとしたら、英語の歌をみんなで合唱していたことです。

「あれ? 英語の授業かな」と思ったら、歌が終わると数学が始まりました。実は全教科の冒頭2分間は英語の歌を歌ったりしていたのです。当然、それぞれの教科担当の先生も英語で歌っている。そこまで英語を徹底して重視しているんです。英語を基礎に置いていることに関しては、日本はまったく追いつけない。はるか先に行っちゃっています。

ただ、上海では英語に力を入れていると言っても、小中では文法などあまり重要視していません。そのかわりコミュニケーションスキルに重点が置かれています。また、英語教育に関わる時間は、公立学校では小学校1年生から英語の授業が週4コマ、私立学校ではさらにネイティブによる英語の授業が2コマ加わり週6コマが英語にあてられています。

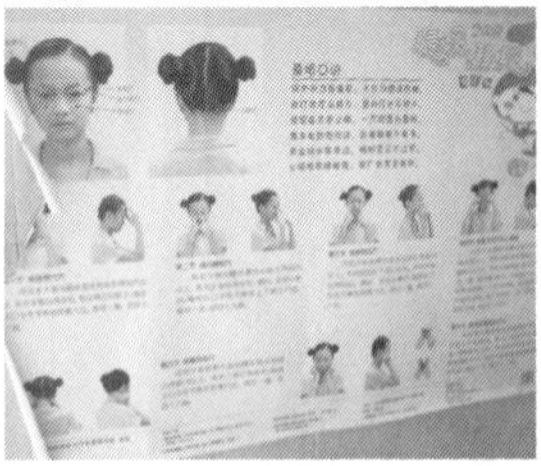

毎日10分ぐらい目の体操の時間があります。「気」を取り入れているのでしょうか。

中国では授業中、このように腕を重ねて、前を向いて座るのが正しい座り方。

目の体操では、「正しくできているか」をクラスの係の生徒が確認していました。

だから、中学校2年生くらいになると日常会話はこなせるようになります。僕への質問も英語だったので、僕も頑張って英語で答えたのですが、「尾木先生の英語はわかりにくいですね」と言われちゃいました。

公式の暗記ではなく生活の中で活きる力になる勉強法

数学の問題にも感心しました。例えば、「400平方メートルの土地に2棟のビルを建てようとしている。ただし、その土地に道路を2本作りたい。どういう配置にすれば最も効率的に土地が有効利用できるか」という類の問題を解いているんです。

これはまさにPISAの活用力に関わる問題設定です。公式を暗記してただ解ければいいのではなく、生活の中で活きる力になる問題になっている。

日本の場合は、教室での教科は教科学

習をして、総合学習のような活用の時間になると「川へ行ってゴミ拾いをする」というようなことも行われています。上海でも総合学習の時間はありますが、その時間に開発と探究を実践します。

　例えば、上海は排気ガスがすごいんですけれど、これを減らすにはどうすればいいかという研究テーマを設定したら、それを継続してずっと探究していく。そして、何か新しい解決方法がないかと問題意識を持って研究、開発していくんです。

ディスカッションは人間理解の探求だ

　それから、先生が「みなさん、ディスカッションしましょう」と言うと、生徒がすぐにディスカッションを始めます。

　それを見ていたら、数学の教師が僕に、「先生、これも探求なんです」と耳打ちするんです。それを聞いて、僕は「なるほど」と思いました。お互いの意見をぶつけ合って、相手が何を考えているのかをつかむ。それが探求心を育てる一環だというわけです。

　ディベートではなくディスカッションが人間理解の探求だと考えているわけですね。環境汚染をテーマにペーパーに書きこんでいくことだけが探求ではなく、人間関係や生活の中に探求することを組み込んでいる。とても面白い発想だと思います。生きるためのリテラシーを鍛《きた》えるということを、すべての教科で取り組む。こうした教育は、日本ではごく一部のオルタナティブ（代替型）教育でしか行われていません。

　思春期くらいになると、むしろ探求なら探求といった高い理念をはっきり掲げることが決定的に重要なんです。だから、「話し合いを始めなさい」と言った途端に全員がサッと始められる。子どもたちが自発的に連鎖反応を起こす。それはも

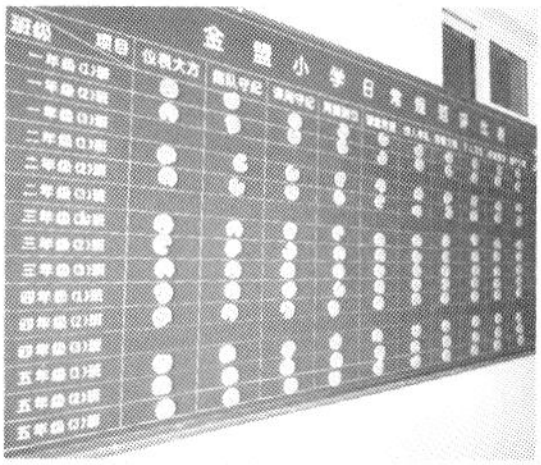

廊下にもこのように、学年別、学級別に「ほめられ度」が一覧表で掲示されています。

たくさんほめられた子は、腕にワッペンをつけていました。

「授業中に良いことをした生徒をほめる」ことが上海の教育方針。貼り出しもあり。

う見事なものです。

最後に、子どもたちが僕にサインをもらおうとわーっと殺到してきたのですが、そのとき、「1枚色紙を書くから、ここに置いておこう」と言ったら、一人の男の子がパッと手を上げて、「そうじゃなくて、そこのボードに先生が大きくマジックで書いてください。そうしたら毎日僕たち全員が見られますから」と提案してきた。みんなが賛成するからそのとおりにやって、「隣の教室にもしなきゃいけないね」って、隣にも行ってサインをしたら、みんな大喜びしてくれた。そういうふうに、パッといいアイデアを提案し解決していく、それに素直に喜べる子どもたちが育っている。僕、感動しちゃいました。

子どもを認める、ほめる、子ども同士で応援しあう

こうしたことを上海の先生ができるの

小学2年生の教室で楽しげな音楽が流れてきました。でも実は英語の授業でした。

手を上げる時は、腕をまっすぐに伸ばして肘は直角に、みんなこのポーズでした。

英語の授業は小1から週に4時間あります。小2の内容は日本の中1レベル。

は、教師と生徒の間に信頼関係があるからです。現代の日本の学校と比べると、生徒が不思議なほど教師を信頼しています。そしてまた教師も、不思議なくらい生徒を信頼しているんです。

理由の一つは、先生が決して怒《ど》鳴《な》りつけたり怒ったりせずに、ともかく常にほめるから。「素晴しい」「できた」と黒板に星印を付けてみたり、小学校の先生は「あなたは素敵」というシールを持っていて、ちょっといいことをするとすぐにペタッと貼るんですよ。時にはおでこにも貼ったりします。

その子と廊下ですれ違った先生が「何をほめられたの?」と聞くわけ。すると、「○○をほめられた」「うわあ、○○くんすごい」と常にほめ称え合うというのかしら。ちょっと何かするとみんなが拍手します。

英文を暗記して言わせるとか、その場で考えて何かを発表する場面では、ただ

発表させるだけじゃなくて、「スマイル、スマイル」と笑顔を要求する。リラックスして笑顔で勉強しようと、先生が笑顔で言ったりする。僕は校長にも叱らないのかと聞いたら、「叱らない、ましてや体罰なんてとんでもない、リスクが大きすぎる」と言うんです。

今日勉強したことがすぐに活かせられれば楽しい

後で僕が訪問した家庭でも、「子どもを叱ったことがない」と言うんです。自立心を育てることを主眼にしているから、叱っていいことなんて何もない、委縮するだけだって。

こういうふうだから、教室に学びの喜びが満ちている。先生は学ぶ喜びを与えてくれるというか、その水先案内人だという信頼感がある。中国にはもっと固いイメージを持っていたから、その柔らかさに驚きました。そうやって、先生が夢中になって子どもと一体になりながら教えています。子どもがわからなくてつっかえてると、すぐにクラスの友だちが教えてくれる、できたらみんなから大拍手を浴びるという関係の中でやっているから勉強が楽しくなる。勉強の楽しさとか何かを発見していく喜びを小中学生で感じている。経済協力開発機構（OECD）が定義している読み解きリテラシーや活用力をあんなにふうに教えてもらえば、それは楽しいだろうと思います。

今日勉強したことがすぐに活かされて、自分の生活や生き方を豊かにすることが見える。これなら勉強が楽しくなります。

授業中は先生も生徒も英語のみ。英会話だけではなく熟語や文法の時間もあります。

よくできた子どもには先生がハグをします。これもコミュニケーションの一つです。

すごくいい授業。子どもたちがいきいきとして先生と子どもが一体となっています。

「おかしい」と思って14歳の少女の家を訪問

日本のメディアは、中国の子どもは土曜も日曜も勉強漬けで、家に帰ってからも3時間も4時間も勉強させられていると言うでしょう。僕もそれはかわいそうだと思って、「家で何時間くらい勉強しているの？」と聞いたら、小学校2年生でも2時間とか3時間とか答える。「休みの日も遊んでるのはもったいない」と言うんです。何でだろう、どうしてだろうと思ったので、シンエンちゃんという14歳の中2の少女宅へおじゃまさせてもらうことにしました。

宿題のプリントは全部先生の手作り

夕方の6時頃からおじゃましまして、お父さんの手料理をご馳走になって、その子の宿題が終わるのを見届けて、インタビューをしたり部屋を見せてもらったり。11時半までいろいろなことを話したんです。

宿題のプリントも見せてもらいました。そうしたら驚きましたね。宿題のプリントが全部、先生の手作りなんです。子どもたちは予習もやらなきゃいけないし、復習もやらなきゃいけない。日本の教師の感覚では予習では市販の問題集などをやらせるわけです。あるいは、漢字を50回書いてきましょうとかいったトレーニングなんです。

上海では、先生が次の授業でここを教えるよというと、子どもたちはその下調べをするんです。例えば、物の長さについての授業をする前に、自分の家庭にあるいろんな物の寸法を測って書くというような準備をする。それをやっていくと当然授業がよくわかるわけです。だから家での予習も授業みたいなもの。これなら子どもたちにとっても、面白いですよね。

それなら、宿題がどれだけあっても苦には感じない。極端に言えば、日本の子どもたちにとって宿題は苦役ですが、上海での子どもたちにとっては喜びなんです。同じ営みが喜びになるか、苦役になるか。この違いは大きいですよ。

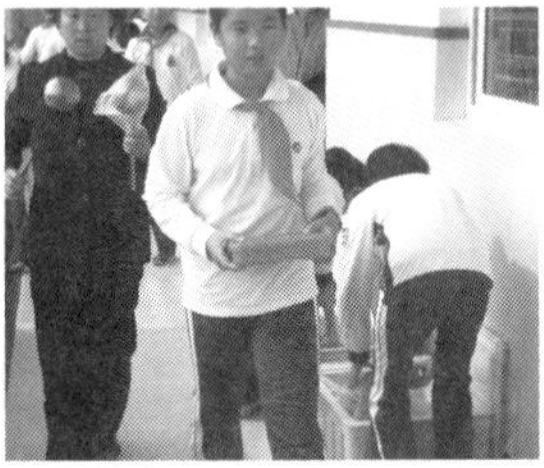

お昼は給食センターからのお弁当を食べます。一人ひとりが廊下に取りに行きます。

給食はみんな前を向いたまま、静かに私語なしで食べているのが印象的でした。

子どもたちと同じお弁当を尾木ママも試食させて頂きました。「おいしかった♡」。

僕でも〝ビックリ〟こんな授業はできないと思った

授業がすごいテンポで進んでいく まさしく理想の授業

上海の小学校の授業は1コマ35分、中学校では40分ですが、授業中に1秒の無駄もないんです。「いくらなんでもそれはないだろう」と思うでしょうが、実際に授業を見ればわかります。子どもと先生が一体だから、「さあ、ノートをとろう」と言うと、サッとみんな一斉にとる。

日本の中学校の教師は、僕も経験しているからわかるんですが、生活指導の合

上海市の教育委員会を訪問しました。上海の教育の全てをつかさどる心臓部です。

普段はテレビ取材を受けないのですが、尾木ママの人徳！で取材可能になりました。

「学力の劣る学校に優秀な先生を派遣し資金面でも支援を行う」が上海市の教育政策。

間をぬって授業に行っているような感じです。教室に行って、「3年A組は、えっと、何ページからだっけ？」「先生、48ページからです」「こんなに進んでたっけ」。こんなのが日常的です。

上海のこの学校ではありえない。授業は開始時間に間髪を入れず始まる。教師はとことん教材研究をし尽していて、授業がすごいテンポで進んでいく。中学2年の数学が日本の高校2年のレベルです。先生が40分間全部を掌握しているんです。それも秒単位で…。僕はあんな授業を一度もやったことがありません。はっきり言って、僕は自分の授業にかなり自信を持っているから、向こうでも25分の特別授業をやったんですが、あそこまではできない、と思いました。

僕が先生に「わからない子だっているはずなのに、あんなに授業のスピードが速くて、置き去りにしてませんか？」と聞いたら、「置き去りにしていない」と

言うんです。全体のスピードを落とすわけにいかないけれど。誰がわかってないのか全部把握しているから、その子には後から補習する。実際、夜の9時、10時まで先生がついてずっと補習をすることもあるそうです。

35分の授業に先生は3時間から5時間の準備

こうした姿勢があるのは、中国政府が「生徒主体」というスローガンを出しているからです。主体である生徒が生き生きとして、人格も学力もモラルも伸びていくのを支援するのが教師であり、学校であり、教育行政という考え方が徹底している。理想的ですよね。

日本でも同じことを言わないわけではないけれど、上海ではなんでこんなにできるんだろうと思いました。

それで、小学校2年生の英語の先生に「1日に授業は何コマおやりになるんですか?」聞いてみたんです。上海の小学校は5年制、中学は4年制で、英語は小学1年生から始まっているのですが、この学校では小学校2年生で英語が週に6コマあるんです。けれど、その先生の授業は1日に2コマで終わりなんです。1週間で何コマですかと聞いたら、8コマと返事がかえってきました。

あとで教育委員会(日本の文科省と同格の位置づけ)に聞いたら、規程では14コマまで持たせることになっているけれど、その先生は生徒指導の中心的な役割を持っていて、どうクラスを運営していけば良いのかといったミーティングをやっているので、校内で調整して軽減しているのかもしれません、と言っていました。そうだとしても、その先生は35分の授業を1日たった2回で70分、これを最大週8コマなんです。

僕が思わず、「少なくて楽そうですね」と言ったら、1コマ35分の授業の準

小学校を後にして次に行ったのは金盟中学校。上海では進学校として知られています。

陸上トラックや、広々としたグラウンドもあり、施設も充実していました。

駐車場にたくさんの外車を発見。先生方の車でした。教師の生活水準は高いのです。

備をするのに、普通は3時間から5時間の予習と教材作りにかけていると言うんです。それだけかけたら良い授業ができますよね。僕は教育委員会に「教員をたくさん配置して、持ち授業が少ない恵まれた教育政策をとっていますが、お金がかなりかかるのではないですか」と聞いたら、「教育費には糸目はつけません」という答えでした。政府の方針でやってるんですね。

日本でも教師を信頼して、現場にもっと任せたら

日本でも先生方が授業に打ち込めるようにもっと自由にしてあげなきゃあ、いい授業はできないですよ。例えば、先生の数を倍にして、持ちコマ数を少なくして、授業に打ち込めるようにすれば、それだけで教育問題の多くが解決します。教師というのは本来、生徒が好きだし、教えることが好きな人たちなんです。だ

ピザ調査で問われている、詰め込み教育ではない読解力重視の教え方が印象的でした。

実生活の様ざまな場面で活用できるように、授業内容が工夫されています。

中2の数学を視察。中学の授業は小学校のレベルからどれほど進んでいるのか楽しみ。

から、時間があれば教材研究をするし、良い授業をするようになるし、仲間で研究会を開きます。やれと言わなくたってやりますよ。

そのためには、教師に自由と時間を与えることです。学校は、ある意味で授業がすべて。だから、授業を通して子どもたちに生きる喜び、学ぶ喜び、発見する喜び、開発や探求、友だちづくりを教える。遠足や運動会、学級会を開くこともちろん大切ですが、それをしないと授業が成り立たないようになっているのはおかしいんです。「学ぶ」ことをもっと掘り下げなきゃいけない。文化としての生きる学びとは何かということをもっと追求すべきですよ。そこが掴めれば、先生の年齢とか男女に関係なく、生徒はみんな先生が大好きになりますよ。だって、喜びを与えてもらえるんだから。

ところが、そんなことをしたら教師がだらけるからと、これまで日本の政府は、

教員免許を10年で更新するなどといった、締め上げることばっかりやってきました。社会の人々もそっちの方を支持してきました。自分たちが企業でそういう働かせ方をさせられているから、「教師のわがままは民間じゃ通用しない」とか言うわけです。

本当はそれを逆にしなければいけないのですが、マスコミでそういう意見を言う人は、受験戦争を勝ち抜いた勝者ばかりだから、そういうことは言わない。本当は、国や行政のリーダーは、いろいろな人にもまれながら、支え合って繋がり合って生きてきた人でないといけないと思いますね。

上海では、教育委員会と現場の学校の関係も平等で、支え合う関係だそうです。執行権や予算については教育委員会が握っていますが、教材をどう教えていけばいいのかとか、学校で起こっている問題への立ち向かい方は、みんな現場優先だ

続いて中学2年生の英語の授業を視察。もちろん授業は英語オンリーです。

読みや文法では教科書も使用しますが、時事問題を取り上げることも多いといいます。

この日は生徒が交通事故発生件数の表を英語だけで説明していました。とても実践的。

と力説していました。

カリキュラムの10%は教師が自分たちの裁量で授業ができる自由裁量が認められていますし、教え方についてもゆるやかで、教科書も絶対使わなければいけないわけじゃありません。子どもたちはお昼にいろいろな果物を家から持ってきて食べています。日本ではそんなことは許されませんから、そういった一事を見ても日本の教育は硬直しきっちゃっている。上海の方が全部いいとは言いませんが、日本はこのままじゃまずいと思います。

これで学力が上らない方がおかしいよ

日本では文科省の方針で、小学校から習熟度別（学力別）授業を始めました。僕はそんなことをやったらとんでもないことになると言ってきたんですが、中国では習熟度別授業は禁止です。学力別にするのは差別だと捉えていました。

「同じ教室に学力差がある子がいるとやりにくくないですか」と先生に聞いたら、「30人くらい教えているが、一人一人の学力や、どこでつっかかっているのかを見ながら授業を進めているので、これは習熟度別授業と同じだ」と言うのね。あとでこの子を教えなきゃいかんなとか、あの子はここでつっかえている、じゃあ今ここで隣の子に援助をさせようだとか、30人を対象にしながら一人一人の状況を全部掴《つか》めているから、学力別ができているというんです。

　僕は最初、「一斉授業なのに、この先生は何を言っているんだろう」と思って、理解するのに少し時間がかかりましたけれども、言われてみればそうなっている。

　できない子がつっかえるのを見て、できる子はさらにできるようになる。できる子が、自分はわかっているつもりになっていても、できない子が引っ掛かっているのを見て、「ああ、そういえばそう

尾木ママ。実は子どもたちをたいへん好きになって、特別授業をやり始めちゃいました。

尾木ママが話したことは、東日本大震災のことと「感謝」ということでした。

「感謝すると明日の元気が出てくる。振り返ってそういうこと見つけてみてほしい」と。

思うこともあるよな」「そういう捉え方だってある」と思うことで探求が深まっていくと言うんです。これも面白いと思いましたね。

　授業が先生と子ども相互の信頼に満ちて、深く研究、開発された教材とプリントのもとで展開されている。極端に言えば、これで学力が上らない方がおかしいとさえ思いました。

日本の学校教育を破壊する習熟度別授業

　習熟度別授業で学力形成に成功している国は、世界的にも歴史的にもありません。アメリカも１９８０年代に習熟度授業をやめています。日本も即刻やめるべきです。習熟度別授業を導入すると教育の現場に風が吹かなくなる。

　かつてのように、いろいろな子が学び合う組織を取り戻さないと、日本の教師はあの呼吸を忘れちゃいます。習熟度別

を始めてかれこれ10年になりますが、僕は昔から10年やったら終わりだよと予告しているんです。できる子とできない子が混ざっている中で、どういうふうにクラスを作っていくかというのは、先輩の先生に見せてもらわないとわからない。それがなくなったら塾講師があちこちにいるのと同じことになっちゃうんです。

上海の学校では目を大事にしようということで、目のツボを押す体操が1日に2回あるんですが、一人の子がずっと列を見回りながら、やり方の悪い子をちょっと直したりしている。ついでに、机の列が歪んでいたらちゃんと直しているから、「これが君の係なの?」と聞いたら、日直というか、毎日入れ替わってみんなでやっていると言っていました。

日本の教師はかつて、こういうふうにして、みんなで学習集団を作っていったり、学級づくりをしていく姿勢を作ることがものすごく得意だったんです。できない子もできる子も一緒に教室で教える力量や、助け合いを組織していく力があった。でも、習熟度別を導入したことでほとんど崩壊してしまったようです。

日本はかつて、体育をすごく重視していて、1日1時間は絶対にやるようにカリキュラムを組んでいました。男女仲良く席をくっ付けた。今もこういうことはないわけではありませんが、中学生くらいになると生徒が嫌がる。でも仲良くくっ付けることもすごく大事なことなんです。生活を一緒にしているうちに男女が仲良くなってくるし、お互いの違いを理解し合ったりするんです。

こうしたやり方が上手いというので、イギリスの首相サッチャーが日本の教師は神業じゃないかとほめ称えたこともありました。でも、それを今やっているのが上海だということを今回の視察で発見しました。日本はこの10年間で、まったく違う方へ行ってしまったんです。

子どもたちの下校。遠方から通っている子どももいて、車での送迎も多かったです。

授業の最後にサインを求められた尾木ママは、教室の後ろに「感謝」と書きました。

日本の講演会と同様、最後にクラス全員で「はいポーズ」。笑顔に包まれていました。

中国の教育改革から日本が学ばなければならないこと

優秀な教師を派遣して、学校のレベルをあげていく

中国では、教師をキャリア別に4階級の等級制に分けて、等級の上の教員がまだ経験の浅い教員に付き添って、一生懸命教えて、できる教員に育てているそうです。僕が視察に入った学校は上海でもトップの学校だったのですが、そこの先生は他校の教師に、どう学校づくりをすればいいのかといった助言をする。そうやって、学校のレベルをあげていく協力

学校視察の後にリュウ・シンエンちゃんのお宅を訪問。自宅はマンションの6階です。

宿題は先生の手づくりのプリント。尾木ママも思わず先生時代を思い出し感激です。

シンエンちゃんのお部屋はかわいいお部屋。ピンクが好きなんですって。

をしているわけです。

日本でも高校教員1級、2級、3級と分けていますが、低い等級の先生は自己責任で辞めざるを得ないみたいな感じになっています。同じランク分けでも、みんなが高まるランク分けと、日本みたいに誰かを出しぬいていくランク分けとがあって、それはまったく違います。

上海の教育委員会は「自己責任」という言葉は使わないそうです。みんなの責任で、学校全体で、生徒指導がうまくいくようにする。成績が思うように伸びない時もその学校を切り離すのではなく、できる学校、成功している学校の教師が教えに行ったり、交流したりしている。真っ当でしょう。何も難しいことじゃなくて当り前のことだと思います。

けれども、今の日本ではこういう発想が通用しなくなっていて、甘いことを言っていると批判をされてしまいます。

僕は、日本は新自由主義に完璧に足元

をすくわれたんだと思います。選択と自己責任、競争原理に基づく数値目標を掲げて進めた教育思想や方法論が、日本の教育をスクラップ状態にしました。いったんそうなったら、立て直すのは大変ですよ。日本はもたもたしていると、本当に世界に追いつけなくなる。それが今の状況だと思います。

上海市だけがＰＩＳＡに参加した本当の理由

家庭訪問したシンエンちゃんの父親が、「うちの娘の学校は上海でナンバーワンだから、別の学校も見た方がいいよ」とアドバイスしてくれたので、教育委員会に話したら、そういう学校でも同じカリキュラムで授業をしているという回答がありました。けれども、やっぱり荒れたり、思うような成果が上っていないところもあるので、次回はそういうところも見て下さいと言っていました。

夫婦共稼ぎのため食事の用意をしてくれたのは、今日仕事が早く終わったお父さん。

食卓には中国の家庭料理が色鮮やかに並びました。美味しくて、食べ過ぎちゃいました。

子どもと親が友だち関係のような家庭が上海にあるとは考えてもいませんでした。

ただ、少し前までは僕が行ったような学校は例外だったけれど、最近は多くの学校が追いついてきているそうです。援助し、資金を投入し、教員も投入しながら底上げを図っているから、このやり方を中国全土に広げていこうというのが、進行中の第３次教育改革、２０１０年からの目標なのだというわけです。

つまり、中国が上海市だけをＰＩＳＡの調査に参加させたのは、１位を取るといった政治的な意図というよりは、「自分たちの教育改革が世界に通用するのか、世界の求めている学力形成ができているのか」をチェックしたかったからで、国際的な基準で評価をしてもらい、正しい方法なら中国全土に一気に広げる。そのモデルケースとしての参加だったようです。だとすれば、上海市の参加はとてもわかりやすい理由だし、極めて計画的に段取りをつけ、検証しながら進めていることになります。

上海視察インタビュー

日本の教育は閉鎖的すぎないか

教員養成についても質問しました。

中国の教員採用試験では「教育とは何か」という持論を主張させたり、模擬授業をやるそうです。「模擬授業は日本でもやっていますよ」と言ったんですが、よく聞いてみると模擬授業の意味が違うんです。日本の模擬授業は教育委員会の担当者の前でやりますが、中国は実際の生徒の前で授業をやらせて、生徒にこの人が教師として適切かどうか評価させるんですって。その結果を参考にする。受ける方にとっては目茶苦茶きついけれど、「そうだよな」と思わせる部分もありますね。

僕が視察に行った学校の教師採用では、応募者が約千人いたそうです。5人の教員を採用しましたが、人事担当の責任者はかなり大変だったと聞きました。

それから、中国の新学期は9月から始まりますが、2011年9月から小学校の教員でも優秀な人は大学の教授になれることになりました。そういう優遇というか、正当に評価する制度も始まった中学校の教室では、大学の准教授を任用するようなことも始めています。だから、上海の主任や高級教員は日本の副校長や教員の顔つきと違うんです。最も子どもに好かれる柔和な優しい表情をした人がトップの教員なんです。これは小学校も中学校も同じです。

20年間の教育改革の成果が見えてきた中国

中国の1980年のデータでは、小学校の無免許教師は50％、中学校は80％でした。文化大革命の影響で教えられる人がいなくなったからです。そこで、1989年の第1次教育改革から教員養成を進めて、10年刻みで改革をやってきました。現在は第3次教育改革が進行中です。

夕食後のひとときには、お父さん自慢の中国茶でもてなしです。

上海の温かい家庭を訪問でき、尾木ママも心がジーンとしてきました。

10歳から習っているという中国琴のすばらしい腕前を披露してもらっています。

現場の先生方が、教育現場は2005〜2006年から急激に変わったと言うので、教育委員会に「この5、6年でここまで来たんですか」と聞いたら、「そうじゃない、89年からの成果だ」と強調していました。急にじゃない、80年代末からの教育改革の成果がようやく出てきたんだと。それは、ずっと政策として研究してきたことを年次計画として現場に下ろしたのが2005〜2006年からだからなんです。

人への配慮もできて、学びの喜びもわかるエリートの育成

中国では、中学から職業高校や普通高校に進学する時には受験があって、全国統一試験があります。これがものすごく難しい。僕が訪問した学校は政府の重点校で、75、76％の子どもが難関校に入るという上海トップの学校だから、その子どもたちはおそらく将来は一流大学に入り、国のリーダーになるのだろうと思います。だから、「5つの有名大学に入らなければ人にあらず」みたいな雰囲気もあるように感じました。

しかも、最近では有名大学に入学した学生が社会問題にもなっていました。中国も就職が非常に厳しい状況になっているし、それまでの受験勉強や何かで疲れ果ててしまって、入った途端にバーンアウトしちゃう子どもが続出してる。その問題は教育委員会も自覚していました。

そこを突破するために、できない子を教えたりして、クラスのために尽くせる本当のリーダーを育てようとしている面もある。だから、リーダー育成を重視しているんだと思います。

「中国のしれつな競争の中で点を取れるだけでなく、人への配慮もできて学びの喜びもわかっているエリートの育成を目指そうとしている、そうやって国の将来を見据えているのだ」と言ってました。

尾木ママといえば、やっぱり「ブローチ」。上海のブローチ店もしっかりチェック。

「預園」は上海でも有名な観光スポット。しばしのリラックスタイムになごみます。

視察の合間に現地スタッフが「預園」に案内。日本でいうと浅草みたいなところです。

幸福に生きていける子どもを育てるのは、現在の大人の責任

高く評価できる中国の教育改革の成果

僕には、実際にどこまで実現できているかはわかりませんが、小中学校の段階では2005~2006年から急激に力を入れ始めた成果は出ていると思います。その小中学生が高校、大学に行き、将来どうなるかという結果は、2020年に向けた計画の中で出てくるのでしょう。

いずれにしても、問題点が見えたら具体的な手を打っていること、その成果が義務課程では出てきていると感じられる点は、日本より優れていると思います。なぜなら、日本のエリート校と言われる学校や、東大生をたくさん輩出している高校で、上海みたいない生徒指導をやっているかといったらやってない。そこが問題だと僕は思います。

中国の教育が、オランダやフィンランドに比べてもよいかというと、そこまではまだまだかもしれませんが、現場を見て改善の手を着実に打とうとしていること、本気でリーダーを育てようとしていることは高く評価していいと思います。

上海で行列の出来る店と評判のお店で、「焼き小龍包」を食べる尾木ママでした。

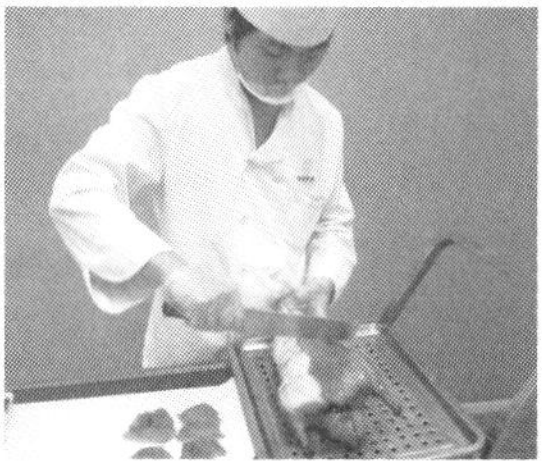

北京ダックも美味しかった。中華料理は、なんでもだ～い好きです。

中国での食事に上海ガニをリクエスト。実はこの後食べるのにとっても苦戦しました。

日本の子どもは、なぜ「世界」に向かえないのか

最後に、僕が日本の教育について尋ねたら、教育委員会が一つだけ言ったのは「日本は教育方針をころころ変えすぎだ」ということでした。「教育理念が決まったらずっと頑張んなきゃ駄目です

よ」と。

これは本当にそのとおりです。例えば、グローバル化に関して、上海の子どもたちは意識する、しないではなく、あれだけ英語教育をやっていれば必然的に関心をもってきますよね。

以前に韓国に行った時も思いましたが、英語教育は単にしゃべる手段としての英語ではなく、そこにはヨーロッパ的な発想や民主主義、個の尊重とかが入ってきています。

インターネットで世界と繋《つな》がっているから、海外に行かなくても必要な情報は得られる。留学しなくても、必要な情報を学ぼうと思えば短時間、コストをかけずに学べるという状況は、中国でも韓国でも同じですよね。でも、留学生が激減しているのは日本だけです。中国は２００８年と２００９年比で21％も増えている。韓国も９％増えていて、日本だけ減っている。そこにも日本特有の問題があると思うんです。

トランプで負けた尾木ママの罰ゲームは、メイドに変身でした。「似合ってるかも♡」

日本でも行ったことのないメイドカフェに。さすがママ、すぐに馴染んでました。

中国の若者文化にも触れたいと視察の合間に「メイドカフェ」に突撃潜入します。

「新しい学力観」で先生に反抗できない日本の子どもたち

もし、ネットで十分な情報が取れるのなら、例えばチュニジアのジャスミン革命や、エジプトの革命の影響を受けて日本でもおかしいものはおかしいというサイトがいっぱい立ち上がって、政府にクレームをつけるはずです。福島第一原発での放射能汚染事故を受けて、原発問題はおかしいじゃないかという若者のサイトがもっとあってもいいのに、そうした動きはそれほどない。全体としては沈黙している感じがします。

要するに、コンピュータを操作する技術は持っているけれども、他者からの評価ばかり気にして「思想」が育っておらず活用できてない。これがなぜかというのが問題で、僕は「新しい学力観」で子どもたちを評価するようになったこと、先生への態度などで成績が左右されるようになったこと、そうした影響が大きいんじゃないかと思います。

「教育は未来への投資」に日本人が気づいてないとしたら

僕は今まで、小学校に英語教育をどんどん導入していくことには慎重な方で、国語をきっちり学んで、自国の言語で考える力をつけてからだろうと思っていました。けれども、上海や韓国で英語的な発想でものごとを考えていく力がついていくのを見ると、小学校1年生くらいから英語教育を導入することを考えてもいいのではないかとも思い始めています。

英語教育の導入については、本当に国家的なプロジェクトを組んで、どういうふうにやるのかを本気で考えなきゃいけない。賛成派と反対派が戦っている場合じゃない。ＯＥＣＤが言うように、「教育は未来への投資」です。そこに日本人が気づいてないとしたら、日本の将来は本当にピンチです。未来を生きる子どもたちのために、なにが必要かを本気で考えなきゃいけない。英語の問題だけじゃなくて今の日本で、子どもたちが将来、世界の中で生きていけるのか、幸せになれるのかということだと思うんです。

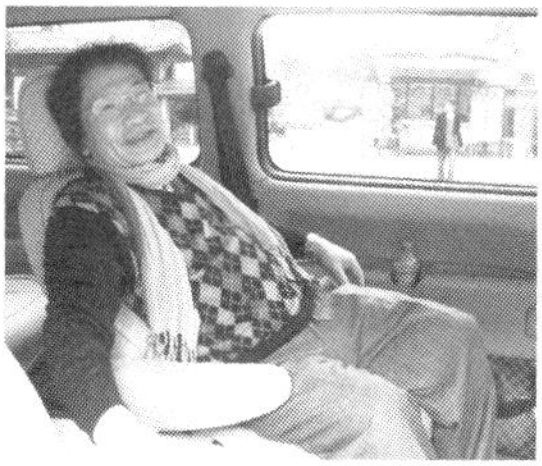

とても密度の濃かった今回の視察に、「本当に勉強になりました」と語る尾木ママ。

上海では政府と教師や親が一丸となり、子どもたちの学力アップに取り組んでいました。

「もっといろいろ見たかった」という気持ちを引きずり帰国の途につく尾木ママ。

日本に来ている中国人の子を持つ親に聞くと、言いたいことがあったら学校にもズバッと言うそうです。「イエスならイエス、ノーならノーとはっきりしてくれ」と。そして、本当に別の学校に行く家庭もある。日本人の親は先生に対して、学級崩壊があっても言えないようなことがあるでしょう。親が縛《しば》られているんですよ。その背景にあるのは教育以前のこと、大人の生き方の理念の問題だと思う。それぞれの人がどう生きていきたいのか、どういう人生を歩みたいのか。どういう国家をつくるのか。僕たち大人が精神的に自立をすることから始まるんですね。

原発事故後の日本をどうデザインするか？

第1回 戦後最大の困難の中で明らかになってきた日本の課題

リヒテルズ直子

下関生まれ。オランダ教育・社会研究家。オランダ在住。尾木さんとの共著に「いま「開国」の時、ニッポンの教育」著書「祖国は、幸せの国となれ」（ともにほんの木）他。

尾木直樹

滋賀県生まれ。教育評論家、臨床教育研究所「虹」所長、法政大学教授・教職課程センター長、早稲田大学大学院教育学研究科客員教授。「尾木ママ」の愛称で親しまれている。

大震災と原発事故後、機会を見つけて被災地を訪れ、子どもたちや教育関係者との対話を続けている尾木ママと、オランダに住みながら日本の教育と日本社会へ提言を続けているリヒテルズ直子さんに、「原発事故後の日本をどうデザインするか？」をテーマに話しあってもらいました。その内容を三回のシリーズで紹介します。

尾木ママの震災体験

被災地の子どもは日常の生活の中で立ち直って行く

■現地へ行ってみると本当に何にもない

尾木　私は被災地へ行く前にテレビの映像を何度も見ました。瓦礫《がれき》の山、何もなくなって原野のようになった映像を見て、津波の力はなんて強いのだろう、これだけ全てのものを押し流すのかと驚きました。そして、現地に入ってみると家は全て流されて、土台のコンクリートとボルトが見えるだけ。工場も跡形なく流されていて建物がない。コンクリートに打った鉄柱がススキみたいに同じ角度でなびいているだけで本体は何もない。よくぞみなさん避難した。最小の犠牲で済んだのではないかという感覚でした。その光景が車で40分走っても、50分走っても延々と続くんです。どこまで行ってもその状態です。日本列島の太平洋沿岸上から数百キロが一気に全部抉《えぐ》り取られたんだと思いました。

宮城県名取市の閖上《ゆりあげ》地区や山元町で地元の人に聞いたら、高さ十何メートルの津波が何回も襲ったっていうんですね。最初の津波が来たときには水に浸るだけですが、引き波のときにガガガと鉄材やら機材やらを持っていかれる。次にまた津波がくると、引いたときに持っていった固い物体が、ブルドーザーのように押し寄せて来る。鉄が襲って来て、根こそぎまた持っていく。それを繰り返したわけです。

そういう中で一瞬の判断をし、何か尋常ではないという判断から生徒を屋上まで上げた先生、高台まで1・5㎞を走って逃げた学校とかいろいろある。地域の方や学校現場の教師たちの津波に対する対応能力は、極めて高かったと思います。とにかく、学校の施設がどれだけ命のセンターになり、学校の先生方が生徒の命を助けるために先頭に立ったのかははっきりしています。学校は勉強のための器だけでなく、地域の安全センター、緊急の避難センターだということを今回ほど感じたことはありません。

■避難所での子どもたちのたくましさに感動

避難場所の体育館へ行ってみると、本当に日本人は我慢強い。少ない所でも250人、多い所だと1000人もの人が一つの体育館で、立錐《りっすい》の余地もない感じで着の身、着のまま寝ていた。それでも、みなさん整然と生活をしていました。僕が小学生に、「何か伝えたいことや援助して欲しいこと、力を貸して欲しいことがあったら伝えますから言ってください」と言ったら、「僕たち元気ですから心配しないでください」と。子どもたちも大人たちもこうなんです。

家族や友だちを亡くした子どももたくさんいて、ある子はバスの屋根の上に避難せざるを得なくて、みんなで手を繋いでいたんですが、津波で流されて手が離れた子が3人水に沈んでしまった。それを見ていた子は、精神が不安定でちょっと様子がおかしいと校長先生が言ってました。そういう中で、いわゆるトラウマの反転としての元気さではなく――それもあるから警戒しなければいけませんが

――子どもたちが生活の中で元気になってきている。

その校長先生に「子どもたちが被災者へ物資の配給をする姿を見ていって欲しい」と言われて、その配給場所へ行ったら、5年生と6年生の12～13人の子どもたちが、並んでいるおじいちゃんやおばあちゃん、いろいろな方の一人ひとりの立場や状況に見事に対応して、食品や生活用品を配給しているんです。

ティッシュペーパーを5人家族の一人に6個ずつ配るとしたら30個要るわけですから、人数を確認しないとペットボトルの水も配れない。耳が遠そうなおじいちゃんには耳元で大きな声で「被災者の人数は何人ですか？」と聞いています。子どもたちに、「やってて楽しい？」と聞いたら、全員が楽しいって言うんです。

今度は七十幾つかの方に「子どもたちが配っているのを見てどうですか？」と感想を聞いたら、「これが生きがいだ」と。「家も仏壇もアルバムも全てを無くした。避難して来たここで、子どもたちから大丈夫って声をかけてもらった。これを一つひとつ積み上げて、残された時間で、こういう宝物をどれだけ貯められるかが私の人生です」とにこやかにおっしゃる。子どもたちに励まされて元気をもらっている。子どもと地域の方が避難所で元気を分かち合っているっていう感じがしました。僕が行ったのは震災直後ですから困っていることは明らかにあるんです。けれども、心の面ではみんな支えあっているという感じがすごくしました。僕が臨床的な立場から思ったのは、学校に心理カウンセラーを派遣することも必要ですが、それだけでなく、子どもは生活の中で立ち直って行くということです。

ただ、それも避難場所によって違うんですね。そこのリーダーが、いわゆるリーダーシップを上手に活かしながらできる所とそうでない所、いがみ合っている所、いろいろあるんです。そんな中で現地の子どもたちのたくましさに感動しました。

震災直後の避難所生活

子どもも大人もみんな支えあって生活していた

■決められたことを執行するだけの官僚への憤り

一方で、大きな失望を超えて怒りとなったのが、宮城県の教育委員会があの被災状況の中で、4月8日付けの人事異動を発令したことです。僕が行ったときに、ある中学校の先生が「尾木先生、私は4月1日に異動しなきゃいけない」とおっしゃる。「私の後任者は新卒だから4月1日に赴任する。すると、僕の座るところがなくなるんです」と言うんです。

その先生は自分が担任していた学年の子が

津波に流されて死んでしまった。子どもたちは落胆し、お母さんが半狂乱になっている中で、その先生が支えになりながら動いてきた。その先生が4月1日に異動しなきゃいけない。ありえないですよ。

実はその先生も、家も流されて何もない、被災者なんです。新しい赴任先の学校は海岸のすぐ近くで跡形もないような状態で、違う中学校の体育館を借りて、そこを色テープで仕切って何年何組とやらなきゃいけない。そんな状況でも異動させようとしている。妻を亡くした先生までが異動です。

僕が教育委員会ってのは何様だと思っているのかってつぶやいて「本当に頭にきちゃう」と言ったのがそのままテレビでオンエアされたから、抗議が教育委員会に殺到してファックス用紙がなくなったり、電話とメールで機能麻痺になったそうです。

宮城県庁の職員人事は全部凍結だったし、市町村の人事異動も実質的にはなかったから、4月の段階で強制的に異動になったのは宮城県の教員だけです。後に、全国からの抗議を受けて8月までは次の赴任先と現在の学校を兼務してもよいとしましたが、身体は一つだから兼務できるわけがない。

■原発で地域にも学校にも亀裂が入っている

現地のことはいくらでも思い出すことがあるんですが、特に福島の状況が厳しい。地震の被害もひどいんですが、それに加えて、原発の問題で他県とは全く違う。宮城県と岩手県は震災と津波から「負けちゃならじ、がんばろうよ」と復興にみんなが結束できるんです。福島県の場合は原発問題があって、地域みんなが同じ方向を向いて再興できなくなっている。

象徴的なのは、市役所の職員400名の中の100人が避難して一番大事なときにいなかったところがある。地縁と血縁があって、お金やガソリンがなかった人たちは逃げられなかった。だから、逃げた人たちが帰って来たら、「お前たちは逃げたんだろう」「お前たちは逃げ組だ」と。逃げた人たちは居心地が悪い。つまり地域が解体させられている。ものすごい深い亀裂が入っていて、それに苦しんでおられる。

■土もいじれない、植物の葉っぱも触れない

それから、「給食に放射能で汚染されたものはやめてほしい」というのが親の願いです。ところが、教育委員会は数値が政府の範囲内だから安全だと言って、地元産のものを飲ませ、食べさせている。そして、それに対する不安がものすごくひろがっている。深刻なのは、それにクレームをつけると、モンスターペアレント扱いされたり、地域から仲間はずれになってしまうこと。

土もいじれないいし、植物の葉っぱも触れないから、屋外の活動は全くできない。理科や生活科の授業が成り立たない。子どもたちは外に出るときはゴーグルとマスクをし、長袖に帽子をかぶっている。とてもまっとうな生活が送れる状況ではない。それが安全対策上は必要だからとやっていると、やりすぎと地域から白い目で見られる。自分の身の安全も確保できない。こういった問題はとても根が深いと思います。

リヒテルズさんの震災体験

原発は、昔から続いてきた日本の社会体制の問題

■オランダの自宅で、被災状況をリアルタイムで見ながら混乱していた

リヒテルズ　私は、あの日の朝、目覚まし代わりのラジオから「日本で大地震が起きた」というニュースが流れたので、すぐに飛び起きてテレビのチャンネルをひねりました。ＮＨＫワールド（ＮＨＫの海外向けサービス）で、大津波に、家も車も船も何もかもが呑み込まれていく様子を、ほとんどリアルタイムで見ていました。同時にインターネットでも日本語の情報を探しました。するとツイッターで、「いまテレビを見られない人がたくさんいるから、ユーストリーム（ネット上の動画放送）で流すべきだ」という一言が流れたんです。そして数分もしないうちにテレビと同じ映像がユーストリームで入り始めました。あり得ないでしょう、生放送と同時なんて。でもおかげで、海外でも日本のニュースをほぼ同時に詳細に受信できました。尾木さんがおっしゃっていた緊急時の人々の咄嗟《とっさ》の判断の

的確さは、こういうところでも感じましたね。

原発事故の直後、まだ状況がよくわからなかった時に、フリージャーナリストたちが仮設スタジオを作って原発の専門家たちを集め、事故分析の番組をネット上で流していました。かなり長時間やっていましたが、この番組とNHKのニュースを交互に見ながら、同時に、ものすごい速さで流れてくるツイッター上の視聴者の発言も横目で見ていました。災害の生々しさが伝わるメッセージが多かったです。

同じ年の年頭にアラブ世界では、ツイッターやフェイスブックを使って、離れた場所の若者たちが連絡し合い、独裁政権を倒しました。その時、これらデジタルメディアの威力を感じ、何か、そういう形で日本社会の閉塞《へいそく》を打開できないかと思っていた矢先でしたから、こういう日本での動きが、とりわけ目覚ましく見えました。

もちろん、リアルタイムで目の当たりにした大津波、原発事故の深刻さは、海外に居た私たち日本人にも衝撃的で、私自身、ひと月くらい仕事が手につかない感じでした。被災された方たちの衝撃はきっと何十倍・何百倍のものだったに違いないですね。

ただ、津波は天災ですが、原発事故は人災です。この二つはどうしても一緒には考えられない。こんな危ないものをこんなにたくさん作ってきた背景に、日本社会の持っている、一種の「無責任体制」がある。はっきり言えば、それは、責任者を特定できない官僚支配の国家、企業と政治とマスメディアの癒着、といったことです。私は、それには日本の学校教育が大きくかかわっていると思っていましたから、これまでずっと、オランダの教育のことを伝えてきていたんです。

民主社会の政治決定とは何か、社会に対する企業（富裕者）の倫理や、マスメディアの使命とは何かというようなことは、大人になる前に学校で学んでおくべきことです。そういうことが、オランダの教育と社会を見てい

津波は天災、原発事故は人災

日本社会の構造上の問題が浮き彫りとなった原発事故

るとよくわかります。ですから、日本社会の「無責任体制」を解決するには、まずは学校教育を変えるところから始めなくてはいけないと思っていたわけですが、今回の原発事故という、甚大《じんだい》で重篤《じゅうとく》な事故に、そういう思いが吹き飛ばされてしまった気がしました。そんな時間のかかる地道な努力では到底間に合いそうにない危険極まりない状況を、日本はすでに抱えていたんだなあ、と。

■西欧人が切実に感じた先進国、日本を襲った悲劇

日本の震災と原発事故は、オランダの人たちも、深刻に受け止めていました。

震災の翌々日、日本から12人の研修生がやってきて、一緒に学校視察をしましたが、視察先の学校では、はじめに必ずお見舞いの言葉をもらいました。学校に子どもを送迎に来ている保護者たちも、私たちが日本人だとわかると、さっと私たちのそばにやってきて、「皆さんのお国の被災に心を痛めています。心強くね」と励ましてくれました。

今回の日本の震災は、オランダ人を含め西洋の先進国の人たちにとっても、ハイチ地震の時のような途上国の災害に対する感じ方と

は、ちょっと違ったものだったようです。何でもすぐに手に入る日本のような先進社会ですら、大災害に襲われる。自分たちだっていつなんどき災害に襲われ、衣食住を一夜のうちに失うかわからない、という恐怖と切実感があったのだと思います。

■震災が私たちに思い出させてくれた「連帯感」の必要性

5月になって、震災後初めて日本に帰りました。ただ、まだ混乱していた関東以北は避け、関西と九州に行きました。人と人との接し方が優しくなったなあ、と感じました。ホテルのエレベーターなどで、これまではどんなに込み合って肩をすり合わせるように立っていても、お互い知らん顔をして会釈する人すらいませんでしたが、今は知らない人同士が挨拶をしたり譲り合ったりしています。若い人も年配の人も、気さくに声を掛け合っています。先進国ではサービスもお金で買えます。でも、人は、お金で買えるものだけでは生きていけない、非常時にはお互いが助け合わなくてはならない、人間の社会には「連帯感」が必要だということを、震災が私たちに思い出させてくれたのではないのでしょうか。

震災後に日本で聞いた二つの何気ない言葉が心に残っています。一つはタクシーの運転手さんがいきなり「日本にもパラダイム変換が必要ですね」と言ったこと、もう一つは、ある大学関係者の言葉ですが、「こういう事態にならないと日本はわからなかったんです

かね。こんなにも犠牲者が出なければわからなかったんでしょうか」というものです。

こういう言葉は、震災というより、原発事故という人災が起きたからこそ出てきたと思うんです。日本の何かが根本的に変わらなくてはだめだ、と思った人は、あの頃、相当な人数いたんではないでしょうか？

■市民の声がもっと政治に反映されるしくみを作る

原発事故を単なる技術上の問題とし、原発の安全性を高めておくべきだったと考えるのか、それとも、大地震がいつ起きてもおかしくない火山列島の日本で、なぜ危ない原発がこんなにたくさん、54基も作られていたのか、その社会的な背景はなんだったのか、ということをこの機会に根本から掘り下げて考えてみようとするのか。事故の直後、私は、前者よりも後者の見方をしている人の方がかなり多かったのではと思っています。

ところが、それ以後の政治を振り返ると、事故直後に広く見られた後者の見方は時間の経過とともに薄れ、前者の、つまり、今後は災害に耐えられる「安全な原発」を、という対症療法的な解決法に収束しようとしている気がします。先ほど尾木さんがおっしゃった「教育委員会の問題」を含め、硬直した官僚主義的な問題は教育にも原発事故にも通じるもので、本当は、それが今私たちに一番問われているのではないでしょうか。

日本人は確かに「我慢強く」「礼儀正しい」人たちだと思います。でも、それならばなお、この我慢強く礼儀正しい国民の「声」、つまり、当事者である市民の声が政治に反映される柔軟な制度のしくみを、日本の支配者たちは果たしてこれまで保証してきたのかどうか、この不足を今後私たちは変えるつもりなのか、それが、今私たちに問われている最も大きな問題ではないでしょうか。

尾木直樹&リヒテルズ直子 対談

第1回「戦後最大の困難の中で明らかになってきた日本の課題」

現場と官僚主義の断絶

リヒテルズ　尾木さんの被災地での経験談をうかがって、まず何よりも印象的なのは、被災された方たちは、子どもたちも含め、厳しい状況の中で、今どうすべきか、何が必要かを自分で判断しながら行動しておられるということです。それに反して、教育委員会による紋切り型の教員「異動」のように、政治や行政は必ずしも状況に対して最善の対応ができていない。

震災直後に、どこかの幼稚園の卒園式か何かの様子をテレビで観ましたが、お母さんたちが保育士さんに、「先生、よくぞうちの子どもを守ってくれましたね」と涙を流しながら言っていた。

〈モンスターペアレント〉という言葉が流行りましたが、教員や保育士の人たちと保護者たちの間には、これまで、お互い対立するのが当たり前という雰囲気がありました。学校の先生たちは、「家庭のしつけができていない」と保護者たちを非難し、保護者たちは「わが子の発達をきちんと保障してくれない」と先生たちに苦情を言う。

　でも本当は、その背景に、学習指導要領、勤務評定、教育委員会からくる指示など、現場の状況とは無関係に規則を押し付けてくる教育行政があって、それが両者の対立の原因になっていたわけですよね。そういうものが、非常事態でとにかく吹き飛んだ。規制をいちいち気にしている暇がないという状況では、逆に、教員たちと保護者がお互いに思いやりのある関係を取り戻している。

　ところが、災害の中でこういう心温まる話

が聞こえてくる一方で、別の場面からは早くも、宮城県の教員異動のような話がでてくる。日本の社会は、ありとあらゆる点で、いつのまにか極端な官僚主義で凝《こ》り固まってしまっているのではないのでしょうか。そういうことに多くの人が気付いた。それは、大きく深刻な〈不幸中の〉ことではありましたけれども、とても重要な〈幸い〉であったと思います。

尾木　3つの大きな被災県の中で、宮城県だけが4月8日の人事異動をやってしまった。なぜかというと宮城県の人事課長はまだ若いんです。文部科学省から出向して2年任期で宮城県へ行っていたから、現場を全く知らない。僕が怒って教育委員会に抗議が殺到したら、教育委員会の内部の人が僕のブログに、「助かった」って投稿してきたんですよ。内部の人たちも、おかしいと思っていたけれど、本省から来てるから何も言えなかったわけです。だから、官僚主義というのは恐いですよ、全くね。

■今のだからこそ見えてきた可能性

リヒテルズ　はじめに、尾木先生が、「子どもたちが、大人一人ひとりのニーズにきちんと対応している」とおっしゃってましたね。私は、いざという時にどう行動すべきかというような判断力は、学力が上とか下とかに関係なく、普通、人間には、生まれた時からある程度インプットされ備わっているものだと思うんです。

官僚主義とか権威者によるトップダウンの指示というようなことは、もともと、こういう人間の力を信じていないところから出発しています。官僚主義とか権威主義は、現場の人たちの闊達《かったつ》な判断力をなえさせてしまう。しかし、そういうことを日本では学校が率先して子どもたちに押し付けている。指示待ちでしか動かない状態が子どものころから続くと、いつか、自分の力では全く判断ができない大人になってしまう。

もともと、どの人も、自分の置かれた状況で「よいこと・悪いこと」「正しいこと・正しくないこと」を自主的に判断しながら選択的に生きていくというのは、非常事態でなくても保障されていなければならないのに。なぜなら、そういう個々の人たちが、目前のホンモノの状況に対して分別ある判断をするということが、新しい社会状況によってもたらされる新しいニーズに応える制度を生み出していくのだからです。

例えば、津波の直後、社屋が流されて働く場所がなくなったので、自宅勤務を認めるようになったという話がありました。また、漁船がなくなったから、残っている漁船を漁師さんたちが共同で使うことにした、というよ

うな話も聞きました。こういう話は、1980年代の初めに、オランダで失業率がものすごく高くなったときに生まれた「テレワーク」や「ワークシェアリング」の考え方に通じるものがあります。制度のために働ける人と働けない人が出てくるのなら、働きやすい状況に変えよう、一部の人たちだけが得をするのではなく、どの人にも平等に働く機会が得られるようにしよう、ということです。こう考えると、今、被災という極端な状況下で起きていることの中には、これからの日本社会全体に応用できる臨機応変な知恵や工夫がたくさんあると思います。

■尾木ママブームの背景にあるみんなの気持ち

尾木　2010年の1月あたりから尾木ママブームみたいのが顕著になり始めて、僕は「何か変だぞ」という感じがしていたんですよね。でも、3・11の震災が起きた時に、これでブームは終わると思ったの。でも、全然そうはならなかったの。むしろ、人気が加速していっちゃったのね。今日も講演会場から出ようとしても、みなさんが寄ってきてすごい状況になっちゃって外に出れないの。信頼なのか何なのかわかならないけれど、何かにすがりつくみたいな感じ、みんなが求めている恐さを感じるくらいなんです。みんな尾木ママを頼ってきている。単に教育を変えてくれじゃなくなっているんですよね。

今のこの尾木ママブームには、単なるオネエキャラが受けているだけじゃなくて、リヒテルズさんがおっしゃるようなうっ積、ドロドロ溜《た》まっていたものが、爆発している感じがあるんです。もちろん、その背景には政権交代によって旧体制からプレッシャーがかからなくなったことが決定的に重要なんですけれども。

リヒテルズ　日本社会は今やっと〝産業化社会〟から〝脱産業化社会〟に移ろうとしているんじゃないでしょうか。ヨーロッパから約40年遅れて。これまでのようにひたすら競争して経済成長を求める社会よりも、小さくとも自分らしく「幸せ」に生きられる社会を、多くの人が求めているのでは？　ドロドロと溜まってきていることというのは、「日本はまだ世界の先進国であるはずなのに、どうして、それぞれが、自由に、自分らしく幸せに生きることができないのか」という不満のうっ積なのだと思うんです。

わが子の幸せな成長を願っている普通の親、受験競争で落ちこぼれるわが子の将来を心配している人たちに対して国は何もしてくれない。政治や教育理論との関係も踏まえながら、わかりやすい言葉で、本当はどうあるべきかを話してくれる専門家が、これまであまりにもいなかった。尾木先生のお話の中には、現実に学校や大学で起きていること、子どもた

ちが家庭や学校で置かれている状況と直接結びついたことがたくさん散りばめられていますから、親や教師たちは、自分の気持ちを代弁してもらっているように感じるのではないでしょうか。

実際、日本の教育は、一人ひとりの子どもの最大限の発達を保障するなどというものからは程遠い状況です。それをはっきり言ってくれる専門家を、日本中が待っていたのではないですか。

■本質をわかりやすく伝える専門家が足りない

尾木　「ホンマでっか!? TV」というバラエティ番組を知っていますか？　さんまさんが司会で、みんなを笑わせる番組なんですが、その中で、「日本は教育に対して個人の経済負担率が世界でトップなんですよ。OECDが見るに見かねて、教育は未来への投資であるというサマリーを出したくらいだ」と、サマリーを映してもらいながら言ったんです。日本は豊かな教育立国だと思っているかもしれないけれど、本当は世界最下位レベルだと言ったわけです。ほんの20秒あるかないかなんですけれど、後で私のブログの反応を見ると、「知らなかった」「目からウロコだった」というコメントがたくさん寄せられていました。でも、私の著書を見てくれたら、とっくに書いてるのよ。

リヒテルズ　そういう発信って大事ですね。政治家らのわけのわからない言葉で煙に巻かれるのではなく、市民たちが自分たちの手に諸外国の状況と比べられるはっきりしたデータを持てるようになる、日本の子どもたちがおかれている現実を、誰にでも理解できるように伝え、確かなデータを市民に提供できる専門家が必要です。

原発についても同じですね。今までは、普

通の人には意味不明の専門用語だけで議論していた専門家が、事故後、原子炉は、炉心はどうなるのかということを、誰にでもわかる言葉で伝えなければいけなくなった。当然と言えば当然ですよね。事故によって直接害を被《こうむ》り、生活を奪われるのは、自分の意思とは無関係にたまたま原発に隣接して生活してきた普通の人たちなわけですから。それなのに、何についても、専門家が一般の人にわかりやすい言葉で説明するという努力をあまりにもしてこなかった。

でも、最近のＮＨＫや日本の新聞を見ていると、少しずつですが、何かが変わりつつあるのかなという気はします。これも、ツイッターなど、視聴者や読者のフィードバックがしやすい道具ができてきたからではないでしょうか。

ただ、エリートたちの官僚主義や権威主義という日本の問題は、日本に特有なことばかりとは言えない気もしています。世界の出来事をニュースで見ていると、アラブの春にしても、ニューヨーク・ウォール街を占拠した若者たちの抗議運動にしても、何か、いま世界で起こっていることと、日本で起こっていることの間には、つながりがあるような気がするんです。

西ヨーロッパの国々では70年代以降、市民参加によるオープンな議論は活発になっていたと思います。けれども、この10年余りの間に、経済市場のグローバル化が進み、その結果、尋常でない富を得て一人勝ちする少数の勝ち組エリートと、生活がどんどん苦しくなっていくその他大勢の負け組の民衆との間の経済格差という問題は、世界中に広く普遍的に広がってきていると感じます。だから決して「日本だけがだめ」ということなのではなく、日本で起こっていることを、世界中の社会に共有された問題、あるいは、人類の文明発展過程における一つの現象としてとらえ、これからの日本が選択していく道は、世界にとっても一つのモデルになる、という気持ちでいてもいいのかもしれません。同時に、同質の問題と取り組んでいる外国の人々とのつながり、解決の選択肢を海外の前例に学ぶ、というような心の向け方も大切だと思います。

今回の被災を経て、国境を越えて海外に移住しよう、世界を舞台に活躍しようとする日本人も増えるんじゃないでしょうか。そうすれば、個人レベルでの「国際化」、また、国際人としての日本人の増加という希望が待てる気もしますが……。

■企業が新卒の日本人より留学生を選び始めた

尾木　人材育成の流動化というかしら、グローバル化が、1年くらい前から大学生の就職、新人の採用のところでも顕著になってきてるんです。例えば、就職が決まらないで留年する就職留年が日本で一番多い関西のある有名大学では、3割近い学生が5年生に残るんで

すよ。関東でも一番就職留年が多いのはブランド大学、九州でも一番高いのはやはり名門大学なんです。つまり日本はエリート教育に完全に失敗したんですよね。パナソニックは去年８４０人くらい大卒新人を採用したんですが、そのうち80%は留学生です。

リヒテルズ　留学生というのはアジア系の留学生ですか。

尾木　韓国、中国、ベトナム、マレーシア、タイ、インド。そういうアジアの国々の留学生が圧倒的です。パナソニックだけでなく、ユニクロも楽天も、世界展開しているサービス業や生産業が２０１３年に向けて発表した年次計画によれば、今年の留学生の採用は35%で、来年は55%、最終段階が75%なんです。イオンが去年１万人採用するというのでホッとしたら、なんのことはない全部外国人だけ。企業は利潤が出なければ潰《つぶ》れるわけですから、優秀な人材を採らざるを得ない。外国人を採らないと、海外進出も含め、国際市場における能力がもたなくなってる。

リヒテルズ　いいことですね。国際市場で通用する能力とは何か、という点で、日本人よりも、アジア諸国からの外国人の方が役に立つというのなら、日本における人づくりを問い直すきっかけになります。

尾木　リヒテルズさんは簡単に「いいことですね」って言うけど……。いいことなんですけれども、僕ら大学人にとっては厳しすぎるんです。企業がそうなるんだったらまだわかるんです。ところが、大学までも優秀な生徒集めに走りはじめていて、例えば、タイに行ってタイの国費奨学生の高校生に大学説明会を開き、ぜひ我が大学に来てもらおうと必死になっている有名大学もあります。大学の研究レベルを維持するためには、アジアの高校生に頼らなければならないんです。

■NATIONの時代が終わり、国境は薄くなってきた

リヒテルズ　ヨーロッパにいると、ネーション（NATION＝国家）の時代が終わろうとしているのかな、と強く感じます。世界の多くの地域で、国境はどんどん薄くなっていきます。その意味で、学校教育も、生徒たちが暮らしている「郷土」の地域住民を育てるという面、日本国民を育てるという面の他に、グローバル社会に向けて「地球市民」を育てるという側面にも関心を払わないわけにはいかない時代になったということだと思います。

ネーションの時代はもともと、戦争を引き起こしやすかった。ヨーロッパでは20世紀は殺戮《さつりく》の世紀と言われていますが、経済競争をめぐって国家間の富の奪い合いが二度の大戦を生みました。戦争が、せっかく築いた繁栄を壊滅させたという意識がヨーロッパ人には強いんです。ヨーロッパ連合（EU）への動きも、実は、そこに起因しています。戦争という破壊的で無駄なことはやめて共に繁栄しよう、と。もちろん、各国間に文化や習慣の違いはあり、そのために「ユーロ危機」を引き起こしているような、国家間の経済格差はまだまだ解消されていません。しかし、ヨーロッパ連合は国家間格差をなくし、普遍的な人権意識を共有して、グローバル時代に通用

する社会モデルを作ろうとして始まりました。「ユーロ危機」の議論も、そういう観点から見ると、なかなか興味深いです。

残念ながら、日本は周辺のアジア諸国に対してよりも米国の方ばかりを向いてきた。しかし、今や米国は対外交渉の相手としてはONE OF THEM（複数のうちの一つ）です。今後はアジア諸国とも協調してバランスの良い外交をした方が正しいのではないか、と思うのですが…。

■自分が参加しなければ世の中は変わらないのに……

尾木　東大がグローバルスタンダードに切り替えるために、5年後位をメドに秋に入学するように切り替えようかと、議論しています。東大の学問レベルを維持できれば留学生をたくさん受け入れることができるし、海外への留学をも出していけるというわけです。

ところで、今、東大に海外からの留学生がどれだけいるかご存知ですか？　全学で、全学部でよ、2011年5月段階ではたったの53人。1・4％です。ここまで落ち込んでいるのよ。

リヒテルズ　日本の大学は、グローバルスタンダードには程遠いですね。上海交通大学の高等教育研究所の大学ランキングにしても、タイムズ・ハイヤー・エデュケーション（THE）の大学ランキングにしても、日本の大学ってランクが下がっています。実際、オランダから日本の大学に留学した学生たちが言うのは、「日本の大学はつまらなくて退屈」ということです。勉学意欲のある学生にとって魅力的ではない。学生たち自身ほんとうに力を引き出されて育てられているという気がしないんだと思います。ヨーロッパやアメリカでは、学生の評価も重視されますし、教育の質の維持のための監督も厳しいから。

学歴重視の日本の教育界では、今でも「競争しないといい人材は育たない」と考える人が多数派だと思いますが、本当にそうでしょうか。だって少子化のため母数集団としての全体の生徒数は減る一方でしょう。でも大学数はほとんど変わっていない。それなら、いくら競争させても、それだけでは大学に合格する学生の質は落ちて当然です。やはり、ヨーロッパ諸国のように、大学入学のために必要な能力とはなんなのか、というきちんとした基準を設け、それを大学入学の条件とすべきなのではないでしょうか。日本の高校卒業資格や大学の単位が、ヨーロッパでは互換的に認定されないことを、文科省の役人は知っているはずです。それをもっと一般の人たちにも知らせるべきですね。

さきほどの日本の話と似ていますが、ヨーロッパの大学には、アジアやアフリカなどから優れた学生が集まります。でも、これらの学生が卒業後その国にとどまるとは限りません。もちろん大学には、国の資金が大量に投資されていますから、費用対効果の問題は深刻です。結局、外国の学生たちに比べて自国の学生が劣る面をどう取り返すか、という自国の教育のあり方全体を問う議論に収束していきます。

現に、いまオランダ国内では中国などのビシバシと知識を詰め込まれてきた学生の方が、小学校から児童中心主義で育てられてきたオランダ人の子どもたちよりも企業で「使える」人材になる、というようなこともよく言われています。私が日本に対して伝えているオランダの教育とは、裏返しの議論ですよね。

でも多分、中国をはじめ非ヨーロッパ諸国からの留学生たちは、ヨーロッパの学生と直接触れ合うことで、「批判的にものを考える」「自分の言葉で意見を言う」ことの大切さを学んでいるに違いない、と思うんです。

こんな風に、文化を超えて教育のあり方を相対的に考えてみる場面が、グローバルな人の移動によってあちこちで生まれていると思います。

日本の場合、子どもをどう育てるかについて、バランスの良い議論をしたいと思っても、「教育とはこうあるべき」というものを国が一方的に決めて押し付けてくる。親や教員が「こうしたい、こうすればよいのに」と考えても、実践の余地がないし、制度に反映できない。そうして、相も変わらず、指示されたままに動く人間、教科書に書かれたことだけを繰り返し覚えて試験に臨む人間ばかりを作っているわけでしょう。

それから、多くの日本人が、いまだに政治のことは「政治リーダー」がやればいいと考え、当事者意識を持ちにくい原因にも、競争教育が関係があるのではないかと思います。できる子とできない子、勝ち組エリートと落ちこぼれを分かつ教育は、市民それぞれの政治参加より、総理大臣の首のすげ替えをいつまでも延々と続ける文化の遠因であるとさえ思います。

尾木 相変わらずそういう人もたくさんいますが、一方で、以前から溜まっていたことが震災や原発問題で自分たちが当事者にならざるをえなくなった。というか、当事者だということを思い出した。それがもっともっと当たり前のこととして出てくることが、大きな変化になってくるんだと思いますし、そのために僕もみなさんと一緒に活動したいと思っています。（次号、第2回に続く）

教育問題、学習相談、子育て相談…これで悩みもスッキリ解消!

グローバル化時代の子育て、教育――尾木ママが答えます

「もっと自分を高める時間が欲しい」「生徒に自主的に勉強してもらいたい」と先生方は訴えています。若者たちは、グローバル化社会で通用する学力を身につけたいと模索しています。父母たちは、「子育てや教育で疲れが極限、イライラが募ります」と悩んでいます。これらの質問や悩みに、尾木ママがお答えいたします。

教師から

最近では教育に競争原理を取り入れようなどという声も聞こえますが、これでは真の学力が育ちません。子どもたちが、学習を心から楽しいと思えるような学びの環境が学校には必要です。

自分を高める時間がない

Q　——多忙な中、生徒指導・家庭訪問・クレーム対応・土日の部活指導・教材研究・保護者会の懇親会・事務・夜の巡回指導などなど、本当に多くの仕事があり、自分のための勉強をする時間がとれません。時間のない中、どのようにして自分自身を高めたらいいのでしょうか？

（公立中学校・教師）

A　これはね、深刻な悩みだと思いますよね。日本の教師は実際、学校で起こる何から何までを担っていますからね。

アプローチの仕方は二つあると思うんですけど、一つは非常に大胆かも知れませんが、「必要以上はやらない」という選択をすることですね。僕も中学校の教師でしたからわかり

ますけど、土日、休日の部活をびっしりやっていたら、自分が養分を吸収する、勉強する場なんてなくなるんです。ですから自分の時間を割いてまで目いっぱい働くというのは、自分にとってよくないだけじゃなくて、教職性そのものを抹殺してしまう危険がありますから、やってはならないことなんですよ。

そうは言っても、「5時半になったら帰る」ではさぼっているとか、手を抜いている、熱意がないといった誤解を生じる恐れがありますよね。そんなときは、もう一つの方法として、職場の仲間、両隣に座っている先生とかに、「先生、こんな状態では僕はやり切れないんですけど、先生はどうですか？」なんて聞いたりして、先生同士が相談できる環境を作っていけばいいんです。

そして現場として、教育集団として、保護者にどう対応していくか、校長に何を申し入れるか、あるいは教育委員会にどんな要求をするか、そういう声をまとめて、自分たちで動いて解決していくんですよ。

子どもたちにはいつも、「自分たちの問題は自分たちで話し合って決めていきなさい」って指導しているんだから、先生たちの置かれている状況もそういう形で職場で連帯して、問題の解決に当たる姿勢が必要ですよね。

何もしなくて不満を言っているだけで、いい職場とか、いい教師になれる環境づくりが進むなんて考えはまったく甘いと思います。世界のどこの国の教師も、そうやって闘って、改革しながら成長し、条件整備もしています。厳しい要求に聞こえるかも知れませんけど、教師として当然のことだと思いますので、ぜひ行動してくださいね。

生徒に自主的に勉強してもらいたい！

Q ――生徒の学力向上が叫ばれていますが、学校での指導には限界があります。できれば「生徒が自主学習を積極的に進めることができれば、学力向上の大きな武器になる」と考えます。尾木先生が考える、効果的な実践方法とはどんなことでしょうか？

（公立小学校・教師）

A　おっしゃる通り、教師の指導だけでは、学力の向上は完成できないと思うんですね。今号でもリポートしていますが、上海の教育現場の視察をしてきて目からウロコだったんですけど、上海では、家庭で子どもたちがやる予習復習のプリントは、全部授業にしっかりと連動しているんですよ。だから子どもたちは大体2～3時間は家庭学習をしていましたけれども。これは日本の子どもたちの何倍にもなってくると思うんですね。家庭学習をリードしていくのは、どっかの通信教育教材じゃなくて、やっぱり教師であるべきだと思うんですよ。これが一つですね。

二つめの問題は、自分で勉強が進められるリズムができるように、家庭生活へのアドバイスをすることね。「こんなふうに時間を組み立てると、家庭生活の中に学習を位置づけることができるよ」みたいなね。でも、最初の先生の相談事にもあるように、学校がリードして子どもたちの学力をつけようと思ったら、先生がやらなきゃいけないことの時間を半分にしなくてはできっこないんです。

本当に生徒たちの学力向上を願うのならば、市販のテキストに頼ってしまうんじゃなくて、自分で作ろうと動いてみるということが大事。一回やってみれば、「これだけ時間がかかるけどこんなに効果的な指導のプリントができるんだ」ということが、目に見えるはずです。生徒の自主学習を進めたいと本気で望むのであれば、教師も自ら行動すべき。その位の覚悟は必要なのではないでしょうか。

東日本大震災後の心のケア

Q ――今回の東日本大震災で、生徒がかなり不安感を持っています。そんな中で、今でもやはり普通に授業を行うことは難しいのです。尾木先生だったら、どんなことをしますか？　子どもたちに元気を与えるために、心のケアをするために何をするべきでしょうか？　教えて下さい。

（公立小学校教師・30代・女性）

A 東北の先生ね。やっぱり防災安全教育というのかな、それを学校全体でどういうふうに策定し取り組んでいくか、その本気度がすごく重要です。東日本大震災では、「釜石の奇跡」と言われている出来事があるんですよ。釜石市（岩手県）の小中学生で命を落とした子は、ほとんどいないんですよ。

その日、ある小学校は短縮授業で子どもたちはほぼ全員帰宅していて、みんな友だちの家に遊びに行ったり、おばあちゃんと一緒にいたり、あるいは野原で遊んでいたところに地震と津波が襲ってきたわけです。これは犠牲も多いんじゃないかと先生方も心配して何日かかけて点呼したら、全員が生き延びていたんです。中には、おばあちゃんを助けた子どもや、大人を助けた子や、あるいは助けられた子も含めてみんな生き延びていて、それが一つの感動を呼んで、「釜石の奇跡」と言われているんです。

その奇跡を起こした源は、一人ひとりの子どもが自分の命は自分で守り抜くという生き方が、徹底されていたことでした。昔から津波に苦しめられてきた三陸地方では、「津波てんでんこ」（岩手県の三陸海岸地域にある津波防災伝承の一つ。自分の責任で速く高台に逃げろの意味）に基づいた防災教育があったのね。

市立釜石小学校の校歌にもそれは現れていて、井上ひさしさんが作詞してるんですけれども、感動的な校歌です。「夢とか希望じゃなくて、徹底して生きろ生きろ」という歌詞なんです。僕はびっくりしましたけども、そういうやっぱり生き延びる教育、安全を自分で確保する教育、そこがきちんとあれば、おばあちゃんを助ける力も次に湧いてくるんですよね。

単純な避難訓練なんかのトレーニングだけではなくて、考え方としても、一人でぽつんと家にいたとしても、自分で逃げ延びられる力を付けるということが大事ですね。

幼保一体化ってどうですか？

Q ――政府は「幼保一体化」について検討を進めています。現状、幼稚園では狭義の「教育」ができず、何をやるかは文部科学省で決められていて、その中には国語や算数や英会話の教育は含まれないそうです。幼稚園で教育ができるようにするためには、別の規制緩和も必要かと思われます。逆に、保育園には「教育」に関する縛りが何もないそうです。

故に、自主的に文字や数字などの「習い事」をやっているところもあるようです。今、教育が若年化している中で、幼稚園と保育所の教育について、尾木先生はどう思われますか？

（幼稚園教諭・20代・女性）

A

これはね、なかなか難しくて、幼保の一元化というのは、システムや施設の一元化の問題のほかにもさまざまあるんです。その中でも一番大切なのは、グローバルな視点ということを忘れないことで、子どもたちの成長や発達にとってどうすることが一番いいのかを、きちんと考えることですね。それから保育園児の保護者である、働く親御さんにとっての問題を考えるべきですね。でも現状は非常に安易で、待機児童の解消策のためにそうするみたいなね。

実際に保育園は都市部では圧倒的に足りなくても、農村部では逆に余っているくらいの状況にあるのね。それを無視してこれで待機児童解消につながるんだとか、実態に対応できていないんです。それぞれの地域で何が一番望ましいのかを実態調査して、親たちの声を聞くことが大切ですよね。

政府から下りてきた、あるいは議論されている一元化議論の良し悪しを測るための自分たちの意見を、しっかり持つことですよ。何もしていなければ波にのまれるだけですから、そこがポイントですね。自分の地域、園での実状を相対化してみる意味でもね。

公立の学校選択制はあったほうがいい？

Q

――児童や生徒が自分の通う公立の学校を選べる「学校選択制」が採用されてから、10年余りがたちました。学校選択制には、地域との関わり合いや学力格差など、長所と短所があると思います。制度を採り入れた自治体の中には、制度を見なおしたり、廃止するところも現れました。尾木先生は学校選択制について、どうお考えになりますか？

（公立小学校教師・30代・男性）

A

先日、僕のブログにあるお母さんから質問があって、それは、「家から500メートルくらいの所に新設校ができたのに、1・5キロくらい離れた中学に通わなくてはいけないんです。選択制がないのですがどうすればいいでしょう？」という内容でした。

選択制があれば、自由に選んで近い所に行けるという、これはものすごくわかりやすくて親にとって選択制はいいみたいに思われるでしょうけれど。

けれども今心配の声が出てきたように、選択制には地域性を壊していくという問題があるんです。

例えば、同じマンションに6人の小学1年生がいて、それぞれのお子さんが別々の小学校に通っているとします。そうすると連携も何も取れないし、地域のおじいちゃんやおばあちゃんが「今日は運動会だね」といっても気軽に行くこともできません。ですから、少なくとも小学校教育での選択制は、教育の土台を崩すような困難をわざわざ作ることになるんです。

だから、学区域制というのは、僕は当然あった方がいいと思いますね。ただし、憲法理念の点からいえば、主権者の自由というのが、あくまでも前提です。といっても学区の柔軟性は必要で、官僚的な機械主義は駄目だと思いますよね。

もう一つ選択制の問題は、学校と地域と親御さんたちの三者が、協同して学校を作ろうという意識が薄れることです。子育てや教育というのは地域の共同体で担っていくもので、地域の要求に従って作っていくのが教育ですから、その枠が外れてしまうのはどうかと思いますよね。

東日本大震災でも、学校が「子どもたちの命を守る防災の拠点になった」「子どもたちの安全の拠点になった」ということは明らかです。ですから、地域に私たちの学校と思える小学校、中学校がなかったらどうするのかということですよね。この地震大国の日本では特にそうです。そんな感じがします。

生徒の習熟度の違いを埋めるには？

Q ――私が指導している中学の2年生には2クラスあります。一つのクラスでは、授業で教えたことは生徒全員が、それぞれ進度こそ違うもののきちんと取り組めています。ところがもう一つのクラスには理解させ習熟させる時点で、全く理解できない生徒が数名いて本当に手が掛かります。どのように指導をすれば、後者の少数の生徒たちのモチベーションを保ち、理解、習熟、応用につなげられるでしょうか？（公立中学校教師・20代・女性）

A 二つの方法がありますね。一つはそのできない子を、できる子たちがサポートしていくということですね。中国での授業視察で、僕はすごく感動したんですが、前に出てつっかえてできない子がいたら、できる子が一緒に解いてあげるのね。それを見てみんながうわーっと拍手するんですよ。みんなが喜びに満ちてるの。そういう学習集団をどう作るのかということだと思いますね。できる子にできない子の面倒をみさせて、それができる子にとっても喜びになるような、そういうリードができる学習集団づくりをするという方法です。

それからもう一つは、何でも先生に任せるのはやっぱり限界がありますから、そういう生徒がいたら、すぐそばにTT（ティームティーチング）の助手の先生がくっついて、サポートしてもらうんですよ。やっぱりこれも助手の先生がほしいという要求を、現場から市の行政なんかに上げていくことですね。でもTTの先生が配置されるのには時間がかかるでしょうから、まずは最初の提案のようにすることで、自分の工夫でもある程度解決できる問題ですよね。

若者から

グローバル化社会を生き抜くためには想像力、批判的思考力、コミュニケーション力などが必要です。大学で何を学ぶか？　社会に出る前に身につけたい学力とは？　尾木ママと一緒に考えましょう。

新卒で就職しないと不利になる？

Q　**――来春卒業の予定ですが、まだ、社会に出てやりたいことが見つかりません。新卒で就職しないと不利になると、周りからは言われます。就職して数年で辞める人も多いと聞きます。自分がどんな人間で何をやりたいのかをはっきりさせてから就職したいのですが、どうなんでしょう？**

（大学４年・男子）

A　結論から言うと、本人にとっても日本という国にとっても、しっかりこれをやろうと決めてから就職するのがいいに決まってます。これはヨーロッパなどグローバル化した世界から見れば常識です。

一方で、今の日本の社会システムでは、新卒で就職を決めておかないと不利という現実もあります。かといって、現実がそのまま正しいということはないわけで、僕はあなたの考えの方こそ理想だと思うんですよ。だからこれは、システムとしてまだ日本の社会がグローバル化に移行できていない段階での矛盾、と考えた方がいいと思いますね。

やりたいことが決まらないまま、「とりあえず就職さえすればいいや」というので就職してしまうと、「入社後たった3年で辞める」というようなことが起きるわけです。多くの国では大学に入る前にギャップイヤー（入学する前に、社会的見聞を広げるために猶予期間を与える制度）があったり、あるいは高校を卒業してから2~3年、いろんな専門学校に行ったり、どこかの企業でインターンシップ（学生が特定期間、企業などで研修生として働き、自分の将来に関連のある就業体験を行う制度）をやったりして、自分の行く道を決めてから大学の学部を選ぶ若者が珍しくはありません。

だから、勉強に対するモチベーションが高いし、大学のレベルもものすごく高くて即戦力としても使える人材が育っています。

日本でも、就職が決まってなくても、じっくりもう一回勉強して教職に挑戦してみようかとか、ちょっと海外に行って視野を広げてこようという人だって、珍しくなってきていますよ。

雇う立場からいえば、横道にそれたり、苦労したりした経験は必ず仕事をする上で、生きてくるものなので、そういう人の方がものになります。もっともっと企業も変化すればいいんですけれども、なかなか難しくて、今は留学生にいい就職先を全部持っていかれているという状況というのは、やはりまずいですよね。

結婚・出産をしても働ける場所とは？

Q ——女性の場合、社会に出てからも結婚、出産によってライフステージが変わります。それに応じた働き方ができ、技術を磨いて成果を出せれば、私自身だけでなく企業など組織のためにもなると思います。そういった働き方のできる、仕事や職種の見つけ方のヒントを教えていただけないでしょうか？
（大学３年・女子）

A 女性が途中で仕事を辞めなくちゃいけないのは、本当にもったいないことなんですよ。ところがまだまだ対応できていない企業が多くて、その裏側にあるのはやっぱり男性たちが無慈悲な労働奴隷みたいになっている現状ですよね。

日本の男性の育児休業の取得率は、相変わらず1・38％（２０１０年度）で、スウェーデンなんかの80％とは月とすっぽんほど違っています。これを見ても女性への子育て、家事の負担の大きさがよくわかるでしょう。

日本でも女性が本当に安心して働いていける企業というのが、いくつかはあるんですよ。学生たちもよく話題にしていますよね。意外と埋もれているようなところにもあるはずですよ。女性社員が多い企業というのはやっぱり相対的に、女性に対する制度が充実しているところが多いですよね。

もう一つは公務員ね、それから学校の教師。この二つは比較的安定していますね。

この問題は、本当にものすごく深刻で重要だから、すべての人がそのことに配慮をして、女性が長く働ける日本に、少しでも早くするということを考えなくちゃいけないですよね。

教師間の温度差を埋めたい

Q　――昨年の教育実習で、母校の高校に英語の教育実習に行きました。たくさん学んで、ぶつかって、成長したいと不安ながらも楽しみにしていたのです。ところが実際には、いまだ昔ながらの訳読授業をしている先生方も多くショックでした。同じ教科なのに、先生方がまったく違う方向を向いているんです。私が働くことになる学校が、こんな学校だったらどうしようと考えてしまいます。先生間の教育への温度差は、埋められないものなのでしょうか？

（大学4年・女子）

A　これは日本の学校の昔からの特徴なんですよ。小・中・高・大を含めて、僕は、博物館学校というふうにネーミングをしてますけどね、価値観が20～30年前とほとんど変わっていません。

特に小学校の教師は典型的で、一国一城の主なんです。自分の教室のことには口を出させない雰囲気が非常に強くてね。中学・高校は教科担任制だから専門性が強くて交流しているんじゃないかというと、現実はこれまた「俺の授業を勝手に見に来るな」とかね。非常に閉鎖性が強くて、職員室文化とよく言われているんですよ。

この間、教育の視察に行った中国の上海では、教科会議というのを設定しているんです。もし、学校の教務時間内にこのような会議を設定していなければ、金曜日の夕方にでも喫茶店や小会議室でやってもいいですしね。「お互い授業を見せっこしましょうよ、うちの英語科だけでも」とかね。

日本だって他の先生も同じことを思っているんですよ。「他の先生はどうやってるんだろう。でも見せてくれって言えないしな」って。同じ悩みとか要求を持っているはずだから声に出せばできますよ。

ただ、こうしなければいけないというような強い縛《しば》りじゃなくて、緩やかな学び合いの組織化というか、それがすごく重要だと思います。

それともう一つ大事なのは、国内だとか学校の中だけじゃなくて、「諸外国はどうなんだろう、教科も本当に9教科でやっているのかな」というグローバルな視点です。日本はかなり特異な遅れ方をしていますから、外に目を開くということが大切ですね。

Q 高校中退した僕に友だちはできる？

――僕は中高一貫校の私学男子校に通っていましたが、高1になってクラスでイジメの対象になり高2で中退しました。在学していれば今、高3で大学受験の年です。勉強では、高等学校卒業程度認定試験には合格して大学受験資格はあるのですが、高校時代に友だちとの交友関係がなく、このまま大学に行って友だちができるか心配です。大学受験を1年間先延ばしにして、今のうちにやっておいた方がいいことはあるのでしょうか？

（18歳・男子）

A 先延ばしにしないで、大学に行ってしまった方がいいと僕は思いますけどね。行ってしまってから、例えば海外の大学に短期留学してみるとかね。そうやって自由度を広げるというか足場を確保するというか、居場所を作ってしまった方がいいと思います。

一人で孤立しながら、その間全部やるべきことを自分で組み立てなきゃいけなくなると、結構しんどいんですよね。それよりも、どこどこの学生という身分と居場所というのがあれば、そこでひょっとしたら素晴らしい学友に出会うかもしれないし、素晴らしい教授に会えて道が開けるかもしれないじゃないですか。

まずは足場を確保してみたらいいですよ。

もしもどうしようかってウジウジしてるなら、留学するというのも一つの手ですよ。自分の進んでいける足場を作るという意味では、認定試験を通っているんですから立派ですよ。それで大学に入っても大丈夫なんですからね。

大学の中にはあなたと同じような人が4割、5割くらいいると思っていいですよ。その人たちとつながっていくことはできると思いますね。あなたが通っていた一つの高校の、一つのクラスの人たちとは違う世界があることを、知ってほしいです。それは自分の方から心を開けばできることですよ。

相手に求めるだけじゃなくて、自ら開けば響き合える人というのは必ずいるものですからね。

ネットゲームが止められない

Q
——ネットサーフィンやネットゲームが好きで、気がつくといつも深夜になってしまいます。親から、ネット依存だと言われると、どうしても反抗してしまいます。同様なことをしている友だちもいるので、ただ止めろと言われてもどうすればいいのか判断がつきません。このまま続けていていいのでしょうか？

（高1・男子）

A
よくないですね～。これは完全に依存に入ってきてますよね。

韓国なんかだと、依存度がどれくらいかという実態を、一人ひとり調べて改善策を出したり、薬を処方したり、全国に矯正施設、治療施設が100ぐらいあったりとか、国家としても問題解決のための制度が整っているんですけれども、日本の場合はそういうのがないですから、どんどんのめり込んでいくだけなんですよ。

今気づかれたのは感心です。僕はこうして質問してくれること自体が偉いと思います。とにかくよくないので、なんとかするには、二つの方法があると思うのね。

一つはやっぱり自分で目標をもって、「ゲームは1日2時間までにする！」など約束事を書いて、自分の部屋ではなくて、家族のいる居間とか茶の間とかに貼っておくといいですよ。そして、「時間オーバーしているようだったら、遠慮なく俺に声をかけてね」くらいに家族に言っておくんですよ。頼みもしないのにガタガタ親から言われると嫌になっちゃうでしょ？　でも、自分が頼んだことならば、多少きつい言い方を親にされても、受け入れられる

ものなんですよ。これで無駄なトラブルが防げるし、時間の制限もできることになりますね。もう一つは制限して浮いた時間を有効利用するために、ゲームに代わる打ち込めるものを見つけることね。学問でもいいし、あるいはバイトでも、音楽でも芸術でも趣味でもサークルでもいいんですけど、何か一つか二つ見つけて、そちらに割く時間を増やす。そうしてそこでの充実感が得られれば、気がついたら全然やってなかったというようになるかもしれません。

それと、仲間がたくさんいるわけですよね。特にロールプレイングゲームなんかだと相手がいるからなかなか止められないので「俺たち2時間を超えないようにしようよ」とか、「1時間半にしようよ」とかお互いにルールを作って励まし合いながらやっていくと、結構楽しく脱出できるかもしれないですね。

教師を辞めないための心得は?

Q **——せっかく教員になれても、さまざまな問題で教師を辞めてしまう人が多いという話を聞きました。そういったことにならないために、今から心掛けておくことはありますか?**

(小学校教師志望・28歳・社会人)

A これは一つの問題として確かに多いんだけれども、総数の中で言えばそんなに高いパーセンテージではないんです。過去と比較したデータで言えば増えているんですが、教師として、喜びを日々体得している方だってたくさんいるわけですよ。

ニュースでは負の側面がよく流れていますけれども、喜びをいっぱい味わっているよという大多数の方はニュースにはならないから、教職というのはきついなあというふうに一見見えてしまうんでしょうね。

多くの教師は、日々やっぱり喜びを感じながら、忙しくしていても充実しているんだということはまずわかってほしいですね。

そういうふうに陥らないために何が大事かというと、「仲間を持っている」ということが重要です。教育研究会とかいろいろなサークルが、民間だけでも僕の知っている中で日本には50以上あります。

ちょうどいいのがなかったら、自分たちでつくってしまえばいいんですよ。「愚痴をこぼす20代の会」っていうのを作ってもいいしね。学校の外や地域の中で何人か仲間がいるということが、教師にとってはものすごく重要です。

学校によっては、自分が23歳で新任で赴任して、次の上の人が36歳だなんてことはザラにありますから。そうするとなかなか相談しづらかったりするので、だから他の学校の先生とか横の関係をつくるといいですよ。

また、地域的な教育行政のシステムの中には新任の初年度研修というのがありますから、そこで仲間をつくっていくとかね。飲み会とかいろいろやるんです。それを大事にしていくというのもいいんじゃないでしょうか。

父母から

世界と共存できる学力とは何か、そのためには大人たちがもっと目を世界に広げていく必要があります。「グローバル化時代の上手な子育て、教育」について尾木ママがあなたの疑問にお答えします。

思春期の子を持つ親へのアドバイス

Q ——反抗期か思春期なのか…中3の後半あたりから口も利かず携帯とにらめっこで、話をするのは買ってきてほしい物があるときくらい。ご飯を食べ終わっても茶碗は置きっ放しで、食べたらすぐ片付けなさいと言えば口をへの字にしてブスッ～！　言いたいことがあるなら言ってほしいのにと思います。あーあ、どうしたらいいのか…良いアドバイスをお願いします。

（40代主婦）

A 目に浮かぶようで、失礼ですけど、読んでいて思わず微笑んでしまいました。これは、典型的な思春期の反抗期ですね。親に反発しているというより、自分の中に芽生えてきた第2の自分と闘っているんですよ。

ご飯を食べた後、茶わんを流しに持って行くことなんか200%わかっているんです。でも、もっと本質的な内在的な悩みをかかえて葛藤《かっとう》しているから、そこに意識がなかなかいかないだけなんですよ。だからわかりきったことを言われて口がへの字になっているんですね。

小学校のときはそれができたのに思春期になってできなくなったというのは、本人がそれよりもっと大事なことを考えていたり悩んだりしているせいです。子どもだって一段落ついて、さて2階に上がって勉強でもするかと気持ちに余裕ができれば、ちゃんと片づけるんですよ。

でも、こういうときは反抗期だから黙ってようというのは間違いです。壁になるものがないと反抗期を脱出する時期が長引いちゃうんですよね。だから親は、きちんと言うことは言うべき。だけど言ってやらせようと思うのは絶対に駄目です。これが一つ。

二つ目は、これは、大変重要なことなのですが、言ったらすぐに身を引くことです。この時期の子どもは「うるせえ、わかってるよ」とか言うもんなんです。だってその通りなんですから。そこで「今やればいいでしょ」とか、口論になるような言い方をせずに、一言パッと言ってサッと引く。この引き際が勝負です。すると子どもは、ひとりでにやるようになるものなんですよ。

そういう独特な対応の仕方が、思春期には必要になります。ところが、目の前にふて腐れた態度の子がいるとこれがなかなかできません。ここが親の力量の問われるところです。サッと引けばいいんです。子どもは自分で全部わかってることばっかりですから。深入りしないことですよ。

シングルマザーの不安

Q ——中学3年の息子を持つシングルマザーです。中学1年生の秋ごろから、親子の会話が急になくなりました。子どもが成長するに従って心配がつのります。また、中学2年にもなると私が勉強の面倒をみるわけにもいかず、かといって塾に通わせる金銭的余裕もありません。高校進学を考えると教育費のことも非常に不安です。（40代・女性・会社員）

A これは深刻ですよね。親子の問題だけじゃなくて学費の負担も子どもを悩ませてしまうんですね。お母さんがしている心配を、子どもも多分してますよ。「母さんに迷惑かけたくないな」「高校の授業料どうなるんだろう」とかね。そんなこと子どもから親には言えないわけです。そういうことも他のお子さん以上に抱え込んでいる辛さがあるんだろうな、と思いますね。「息子も同じように悩んでいるのかも」と考える想像力、それをまずお母さんには持ってほしいなと思いますよね。

思春期に口を利かないなんてことは普通のことですから、何も心配ないんです。でも息子さんは母子家庭でお母さんには随分負担をかけて頑張ってもらっているからこそ、他の子の何倍も親への感謝の気持ちを持っているわけね。だからこそ余計に言えない、わがままを出せないという気持ちがある。その辛さをすべて受け止めて、そっと見守ってあげることがまず大切ですね。

学費の問題なんかは、「お母さんはこういうふうにしようと思っているんだけど、おまえはいい考えがあるかなぁ？」と、はっきり言っていいと思いますね。それこそお互い大人の立場で将来のことを一緒に話し合うというか、「お母さん、相談にいこうかと思っているの」とかね。そういうふうに一緒になって乗り越えていくという気持ちでいいと思いますよ。

わが子だから自分で全部面倒見なきゃいけないという気持ちはわかるんですけど、男の子は結構頼りになりますよ。一緒に伴走する相手と考えれば、子どもも結構考えてくれます。「じゃあ俺はバイトするからさ」とかね。そんなふうに協同して切り開くということが、大事でしょうね。

やっぱり運動会は1等賞がいい！

Q **――学力競争社会の中で育った私は、ゆとり教育の評価方法で、たとえば運動会で「1等賞でなくても、最後まで走ればいいんだよ」ということを頭では理解しようとしてきました。しかし、心の中で自分の子どもは「だけど1等で」と念じていました。こういう親の考え方は間違っているんでしょうか？（小3の息子を持つ40代の父）**

A 「1等賞でなければいけない」という考えにとらわれちゃうという、このお父さんの半分悩みみたいなこの告白というのは、すごくわかりますよね。親だったら99％はそうじゃないかと。むしろ「うちの子はビリでも一生懸命走っていたから良かった」と思える親というのはなかなかいないですよ。親の世代は特に、生まれたときからそれで生きてきたわけですからね。

1等賞だったらやっぱり喜んであげていいと思いますね。それは抜きんでた成果なんですから。問題なのはビリになって「お前は駄目だ」とか「1等でなければ意味がないんだ」という価値観なのかってことです。「ビリだったけど一生懸命やっていたからいいよ、よく頑張ったね」と…。そこに良さを見つけて評価できる親なら合格だと思いますよ。1等じゃないときにも評価してあげられる懐《ふところ》の深さというか幅の広さ、それがあれば、僕はパーフェクトだと思います。

小学校の運動会で1等になったからといって、社会に出てもすべてが1等だということはあり得ません。でもね、ビリの子の気持ちまで想うことができるということは、1等をとるよりもっとすごいことなの。「ビリの子は今、1等をとったお前とは反対のマイナスの世界にいるかもしれないんだよ。その子の気持ちもわかろうね」というのが、学校教育の大事な視点なんですよ。

運動会でビリの子だって、違うことでは優秀な成績をとれるかもしれない。その中にある、努力みたいなものを高く評価できるかですね。そういう多様な要素をきちんと周りの大人が捉えていけば、子どもたちは一つのことだけで喜んだり、それだけでしょげたりはしないはずです。だから順位をつけるのも運動会なんかではおかしくはないと、僕は考えています。

Q 疲れが極限、精神の安定にはどうしたらいいの？

――23歳の社会人1年生の娘がいる会社員の母です。長女は昨年4月に、福祉団体職員に採用されました。しかし、配属された職場でパワハラを受け、2カ月でうつ病にな

ってしまい闘病生活を続けています。実は主人も20年前にうつ病になり、いまだに薬を飲んで仕事に行っています。うつ病が２人に増えてそろそろ私も疲れが限界。このままではイライラを２人にぶつけてしまいそうで怖いです。どうしたら精神状態を安定させられるでしょうか？

（会社員・50歳の母）

A　これはね「まっ、いいっか」だけでは済まない問題ですね。お母さんは新しい自分の居場所というのを確保しないといけませんね。夫と娘の面倒を見る、それだけだったら潰れてしまうのは当たり前です。

自分の仕事の中にある喜びとか、あるいは趣味でも何でもいいですから、自分だけの解放される時間と場所を、どう確保するかというのはすごく大事です。

その時だけはすっかり他のことを忘れることができるし、「火曜日の夜７時から９時までは、お母さんは趣味のダンスに出かけるからね」と言って、パッと行ってしまうくらいのリズムがあるとすごくいいですよね。

どんなときでも、自分のすべてを誰かのために犠牲にしてしまわないということが、逆に家族を救うことにもなるわけですよ。

共倒れにならないようにしなければいけないし、「まっ、いいっか」とそのまま済ますんじゃなくて、「まっ、いいっか」のあとに、ちょっと趣味の俳句に行ってくるとかね。まっ、いいっかの後の行動がポイントだと思いますよ。

厳しい環境だということは、よくわかります。でもその中で、あえて何か自分の世界を持つことができれば、きっと乗り越えることができると思いますよ。

クラスで孤立した娘への接し方は？

Q ――高1の娘のことで相談いたします。クラスに親しい友だちがいないようで疎外感を強く感じています。クラスメートに話しかけても無視されることもあって、昼食もいつも一人で食べているようなのです。大人しいほうですが親しくなれば楽しく相手とつきあえる子で、中学のときはお友だちがたくさんいました。担任の先生は色々配慮してくれるのですが…。このごろは学校を休みがちです。娘にどんな風に接してあげればいいのか、わからなくなっています。

（50代・母）

A この問題の救いは、担任が状況をわかってくれていて配慮があることですよね。ですからお母さんが一番にすべきことは、娘さんのケアはもちろん、担任の先生との信頼関係づくりです。

問題はクラスの人間関係だと思うんですよ、中学校のときはたくさん友だちもいたわけですからね。担任にお任せではなく、親が関わっていく必要があるかもしれませんね。担任の先生と一緒になって、どんなとき、あるいは人に対したとき、娘さんの困難があるのかを見てもらうんです。

クラス替えのときに希望を告げることも一つですよ。状況が変わった途端に一気に解決なんていうことはすごく多いのね。ある意味でイジメかもしれませんから、中心的な存在の子とはクラスを変えてもらうように頼んでおくんです。

子どもにとっては今いるクラスがすべてに見えちゃっているので、クラスが変わるだけでまったく状況が変わっていくんだという希望、そこを娘さんに見せてあげられるといいですよね。

もう一つは、中学校のときの友だちとの居場所というのを、大事にしたらいいと思いますね。ちゃんと自分にも居場所があるよと、確認できる場ね。

この問題は保護者というより担任の先生の仕事です。保護者が動いちゃうと波紋が大きくなりますから。担任の先生に情報をしっかりつかんでくれるように、非難じゃなくてちょっとお願いするというかね。担任だけで駄目だったら、他の教科の先生から情報を取るとか。そうすれば、問題の構図が表層化して解決策がきっと見えてきますよ。

帰国子女の憂鬱《ゆううつ》をなんとかしたい

Q

――この春から私立高校の2年になる息子についての相談です。夫の海外転勤で1年だけ海外で生活し、元の地元公立中学へはなんとなく戻りづらいので、私立へ編入しました。しかし、半年くらいで勉強についていけなくなり、校則、先生も生徒も嫌いと登校を渋り、やる気を喪失。なんとか高校に進学したもののいやいやです。本人は服飾専門学校へ行くと言っており、その気持ちで現在も通っています。ですが定期テストも赤点ばかり、私立だからかなんとか進級はさせてもらえましたが…。こんな状態の息子を以前のような生き生きとした息子にするには、どうしたらよいのでしょうか？

（40代・母）

A　息子さんが抱えている困難は、そのお子さんに問題があるというよりも、カルチャーショックの問題というのが決定的ですよね。むしろ日本のこの閉鎖社会の問題が根本にあるんですね。この本質をちゃんと親子で捉えて、これを一緒にどう解決していくかということです。

解決策としては、親がその辛い気持ちを受け止めてあげる、それが一つ大事です。

それからもう一つは、「あなたがおかしいわけではないんだよ」と、息子さんに自信を持たせるということ。誇りと自信をきちんと持てるかどうかが、一番重要なところですよね。

彼も服飾の専門学校に行くことで回復できる見通しがあるならいいんですけれども、挫折感を引きずったままだと駄目なんですよ。またちょっとした困難が出てきたときに潰れてしまう危険があります。

この辛さは帰国子女全般が抱えている問題です。関連の本はいっぱい出ていますから、共感を得て肩をちょっと楽にするのもいいですね。むしろそれを生かして社会で活躍している人たち、例えばテレビキャスターだって何人もいるわけですから、生かす方法を考える方向に切り替えるといいですよ。

悲観する話ではありません。負のエネルギーをプラスに切り替えられる質の悩みで、協同することで解決の糸口は必ずあるということですね。

希望を持ってほしいと思いますね。

尾木ママの部屋

講演やサイン会などで皆さんに会うと、「キャッ、かわいい」って、声をかけられるの。でも僕、64歳のおじいちゃんなんですけどね。

今回は、尾木ママになってから初めて気づいたことを中心にお話ししますね♡

「キャ、かわいい！」にオドロキ

教育評論家から尾木ママになって（笑）、ものすごく環境が変わりましたよ。本当にあり得ないくらい、すごい変化なんです！　電車に乗っていても握手されたり、写メを撮られたり、「キャ、かわいい！」って言われたり♡　今まで60年間そんなこと言われたことなんて一度も無く、昔から同じ人間なのに、これっておかしくありませんか？　僕、64歳のおじいちゃんなんですよ。孫だって二人いるんです。

それからびっくりしたのはテレビの視聴率。名古屋のある番組では、僕が出たときの視聴率が番組始まって以来1位、2位を争うくらい高かったんですって。「ホンマでっか!?TV」でも、僕が「モンスター・ティーチャー・ランキング」を発表しているときに、瞬間最高視聴率が出たとか、「情熱大陸」も久々の6％超え！　初めは偶然かしらって思ってたんですけど、視聴率のデータがこんなにはっきり出てることで、やっとブレイクを実感しました（笑）。

バラエティ番組に呼ばれたときのひな壇の座り位置も、ママと言われるようになって1年間ぐらいは上の段の真ん中とか端っこだ

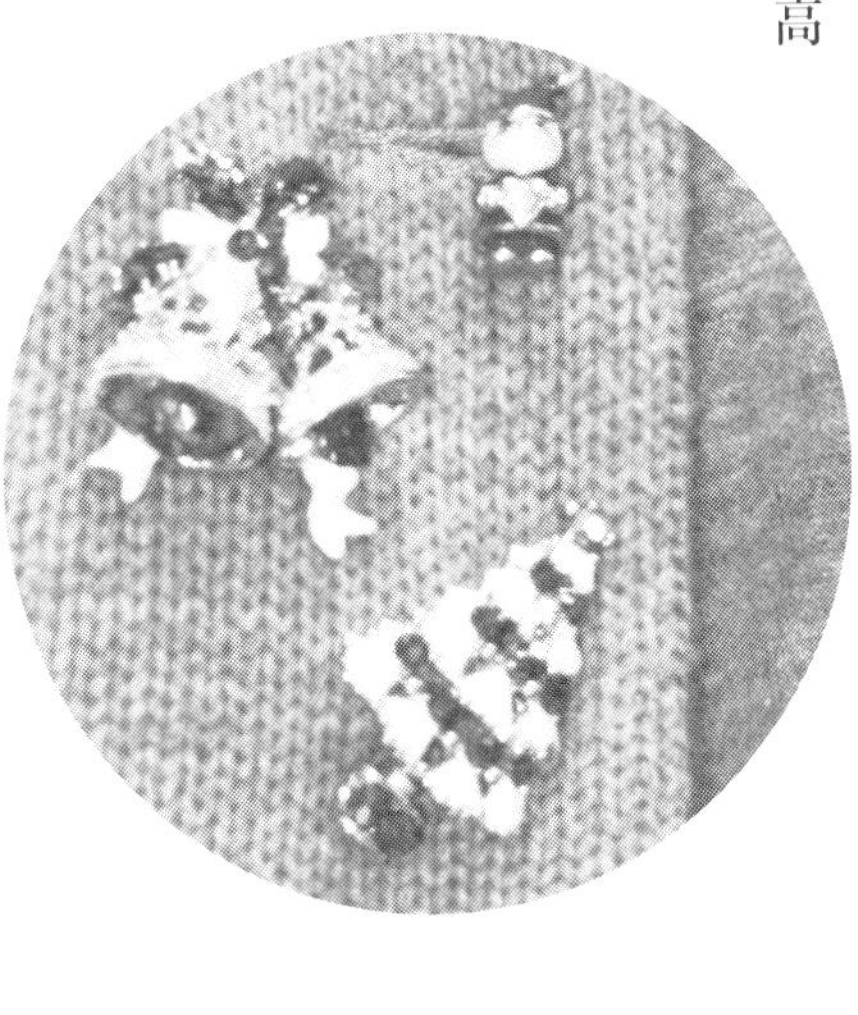

ったのに、今はほとんどセンターの一番前！　芸人さんたちにとって一番前に座ることはひとつの夢なんですね。そこに僕がいるんだからびっくり。もちろん力がうんと付いてきたら2列めの一番端っこで、大きな声でガーッと盛り上げてくる、そんな役割を果たすフットボールアワーの後藤さんのような人がいるんですけども（笑）

講演会のお客さんの入りも前とは段違い！　1000人を超える大規模な講演会場が20分で埋まったと聞きました。先日も講演会に来たお客さんのアンケートを読んでいたら、「癒やされた」「生きる元気が湧いた」「笑顔が素敵」とか……。もう今まででは考えられないことばかりです。また、講演会のラストには、僕の本の販売とサイン会をしますが、毎回100人以上サインをしているおかげで、腕力もだいぶつきました。

心で感じたことをそのまま言葉に出す

僕が今まで、新聞や雑誌メディアで書いたり話していること、あるいはテレビや講演会で話していることは、頭で考えて言葉にしたものでした。でも、あるとき気がついたときから心で感じたことをそのまま言葉に出してるんです。そうしたら思っていることがストレートに伝わるし、いくらしゃべっても疲れません。

これまではそういうスタイルは、家族との夕ご飯のときの会話しかなかったのにね～。

言語脳というのは、心とは別回路。だからどれだけおしゃべりが得意な人でも、文章を書けと言われるとうまく書けないというのは理論的に明らかなのね。僕は文章を書くのが得意だから、今までずっと言語脳での処置ばかりしていたの。ところがどっちもいけちゃうことが最近わかったんです！

バラエティ番組では、道端でおしゃべりしている奥様たちと同じで、頭じゃなくて心でしゃべってるんですね。これだとどれだけ全国各地を飛び回って忙しく仕事をしていても疲れない、頭が疲労しないの。

去年の夏、大学のゼミの合宿で、討論やディベートでガンガン言語脳、つまり頭の方を使ったんです。ディベートなんかは理論的に頭で考えているから心を使いません。合宿が終わってバラエティ番組に直行したんだけど「わあ、これから楽しみ～。あのタレントさんに会えるし♡」っていう、いつもの気持ちがぜんぜん湧いてこなかったんです。局に着いても頭が論争モードで「こりゃまずいな、大丈夫かしら」ってね。

そんな調子で控え室に入って着替えていたら、タレントさんが、「こんにちは～」って挨拶に来てくれてしばらく会話をしていたら、ピッとスイッチが切り変わってバラエティの頭になったのよ～。不思議よね～。

こんな風にスイッチを入れ替えられることにもっと早く

気づいていれば、バラエティにどんどん出てベラベラしゃべって、もっと前から影響力を発揮出来たかも知れなかったのにね。

知識層は心で考えられないのよ

日本の知識人層、いわゆるプチブル層というのは、知識や教養、学歴もあるから、ほとんど脳だけで話しているでしょう。そんな層と庶民の層とは、どっちがいいとか悪いとかじゃなくて、考えるときの回路が違うのよね。そのせいかしら、テレビ局のディレクターさんとか頭脳派の人は、僕の言っている意味がなかなかつかめないんです。

たとえば「子どもはしかっちゃダメ、ほめるんです」と僕が言うと、尾木さん「万引きしてもほめましょう」という番組を作りましたとなるのです。そうじゃないの。僕は、心の変化をきたしたところをほめるということを言ってるのにね。あるとき一人だけきちんとわかってイメージ映像を的確につくれたディレクターさんがいたんだけど、それでも3回も説明したのよ！

つまり一度も人生40年間くらいの中で、心で考えるっていう経験をしていないのね。そういう人が日本は今、知識層というかリーダー層を占めているんです。恐怖ですよ。

知識のある頭脳層の人たちは、庶民の感覚もわかっていると今まで思っていたのね。ところが違っていた！　だから、95％の大衆というのは、誰にもリードされてなかったたってことなの。機関車の後ろを誰もついてきていないの。頭だけで考えたことを振りかざして、ばんばん引っ張ってるリーダーばっかりなんだから。そこの橋渡しを僕が今、しているような気がします。

ニックネームは「どうしたの先生」

日本の場合は「子育て」というように、大人が子どもの教育環境を作るんだって思い込み過ぎなのよ。子どもとパートナーシップを結ぼうっていう精神がみじんもないでしょう！　「大人も子どもも21世紀を生き合う仲間なんだ」ってことを僕は言いたいの。真面目で力があって頑張り屋さんほど、大人が頑張って教育環境を整えなきゃと思い過ぎちゃうのね。

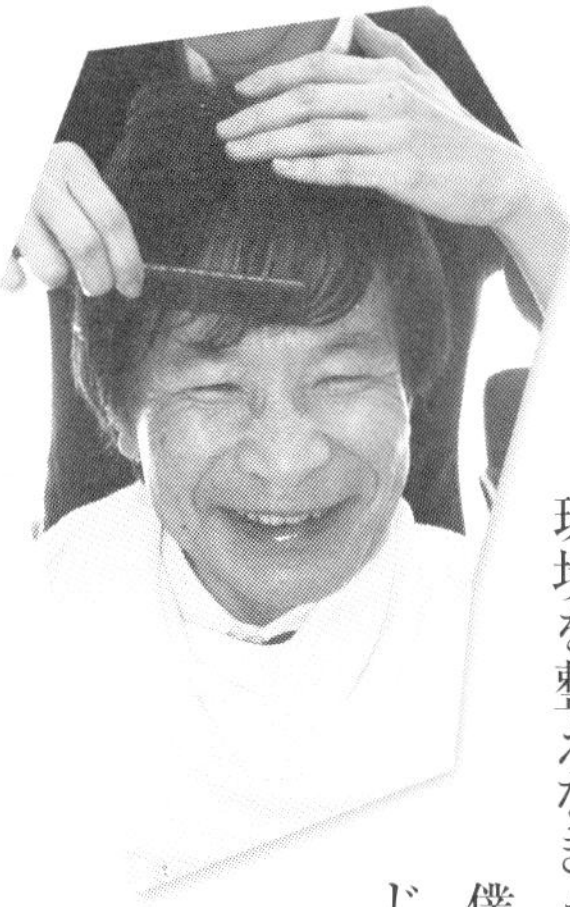

僕は1992年に、『子どもに頼るのもいいんじゃない』（民衆社）という本を出したのね。そうしたら教育界からずい分批判を浴びて、「子どもに頼るとは、このタイトルは何事か」と言われたの。あれほど反発をくらった本は、今までにないです。でもね、今思

えば20年くらい早すぎたみたい。今こそ求められてるって感じますね。

その当時から、僕はわからないことがあったら子どもに聞いていていました。「なんであいつは荒れてるの?」とかね。そうすると子どもは、先生こうこうこうでしょうって。それを聞いて、なるほどと納得よ。

窓ガラスを叩き割ってる子なんかもにも、そうして接したの。「どうしたの?」って。そう言われると緊張が解けるみたいで、「今朝、おふくろに怒られちゃって」とか、「またあの先公に疑われちゃったよ」って話してくれるわけね。そうしたらそれは辛いわけだから、「それは大変だったね」と。「だけど中3にもなってこんな暴れてちゃ、先生マズイっすよ」って素直な本音も出てきて。「わかってるじゃん、君もエライなっ」ってことになるんです。

そんなことばっかりやってたから、「どうしたの先生」がニックネームになっちゃったの。大人が子どもに聞いたって全然おかしくないんですよ。権威が落ちるわけでもなんでもないんだから。

言い訳している子どもの辛さを知って

僕に対してはどんなに荒れてる子も決してキレなかったし、あれだけ荒れ狂ってる時代だったのに胸ぐらをつかまれたことなんて一度もありませんでした。そして生徒たちは僕の質問にちゃんと答えてくれました。僕は非行の子が大好きだった。生徒はわかってくれてたんだなと思って嬉しいわよ。この感覚が、僕の自信なんです。

最近は講演会に来た人に、一回でもいいから「どうしたの？」って、声に出して響きを体感してもらうようにしてるんです。「帰るまでに5回は練習してください」ってね。そうすれば実践できるんじゃないかと思うのね。

お母さんたちには、子どもが言い訳をしたとき、「子どもは今、辛い思いをしている」っていう捉え方が出来ない人が多いのね。それでつい、「お母さん何回も言ってるのにわからないの」とか「もう高校生にもなって、そんなことも出来ないの」と言っちゃう。

子どもの辛さを捉えられない大人には、「今日からでも共感の相づちを打ちましょう」と言いたいわ。子どもの言葉に相づちを打たない限り、子どもはほめられる状況にはならないのよ。これでは子どもに共感と元気が伝わりません。これをほとんどの大人が知らないんです。大人たちが子どもと同じ目線で、子どもと一緒に考えるようになれば、日本の教育もガラッと変わると思うんですけどね♡

INSIGHT

子どもたちを取り巻く今、未来がわかる

尾木直樹の「ニュースの分析」

"教育@インサイト"

このコーナーでは、子どもたちを取り巻く教育関連ニュースを紹介いたします。また、震災後を生きる子どもたちの情報も特集いたしました。一つひとつの記事には、尾木先生のコメントをいただきました。中にはちょっぴり辛口のコメントもありますが、そこには日本の教育の今がわかり、未来をよりよく変えるヒントが凝縮されています。

※インサイト…洞察、見識という意味。つまり、モノゴトの本質を深く見抜く、対象から何か有用な発見を得るということです。

東大が秋入学移行素案発表 他大学、賛同と困惑と…広がる波紋

「今の日本は厳しい状況に置かれている。大学が変わることで社会を変える条件を作りたい」。東大の浜田純一総長は1月20日の記者会見でこう語り、秋入学への全面移行に意欲を見せた。

各地の国立大からは次々と同調の声が上がった。素案の内容が報じられた18日に九州大の有川節夫総長が「春から秋への一本化を検討したい」と意欲を見せ、東北大の井上明久総長も20日、「前向きに検討する必要がある」とコメント。大阪大は「大学の国際化には非常に有効な手段」と評価し、今後東大の素案を研究する。京都大や北海道大なども検討を進める。（2012年1月）

尾木コメント

世界中で4月入学の国は、インドなどたった7カ国しかありません。だから、日本の優秀な学生は海外に留学しづらく、人材育成が進まなかったんです。一方で、中国や韓国は海外留学生が増え続けている。人材登用のグローバル化が進むなか、日本は『鎖国教育』を続けたせいで、世界から取り残されているんです。秋入学は必然で5年後の実現でも、私は遅すぎると思っています。

大阪市橋下市長の小中学生への留年提言に尾木ママ困惑

大阪市の橋下徹市長は、義務教育課程の小・中学生が目標の学力レベルに達しない場合、元の学年に「留年」させることを検討するよう市教委事務局に要請した。

この要請に対して教育評論家の尾木直樹さんは、「一律の線引きで子どもを下の学年に落とす運用には反対」と懸念を示した。

さらに尾木さんは、「まずは個人別の時間割りの導入や少人数授業などの取り組みを先行させることが前提で、そのうえで一人ひとりの子どもの個性に見合った教育を重視して、再履修するかどうかを各家庭で選べる仕組みにすべき」だと言及した。（2012年2月）

尾木コメント

「授業に出席するだけで、習熟度がレベルに到達していなくても一律に進級させる現状を、理解するまで学べる制度に変える」というのが僕の考え方です。先日視察に行ったオランダでは、小学生が自分で授業の時間割を作っていました。日本でも幼少期から自ら決めて責任を持つことを学べば、子どもたち自身がこういった判断を下せます。まず、そこから改革すべきだと思います。

意欲ある学生選ぶため国公立大でも推薦・AO入試採用に

「本当にうちで学びたい学生に来てほしい」。そんな狙いから、国公立大でも、学科試験でははかれない意欲や適正を評価する推薦・AO（アドミッション・オフィス）入試を採り入れる動きがある。

東京都立首都大学「都市教養学部生命科学コース」では、ゼミ方式のAO入試を取り入れている。同コース担当の松浦克美教授は、「以前、大学に入ること自体が目的になり、入学後にミスマッチを感じる学生が出るようになった。大学での勉強に触れてもらい、意欲のある学生を取ろうと始まった」とこの方式の狙いを説明する。

（2011年7月）

尾木コメント

10分間の面接をやり、いろんな書類審査もやって、入り口を一瞬で決めるタイプのAO入試は破綻しています。AO入試のための受験テクニックに走っていますから。そうなると、大学の教授は教育の素人ですから、皆だまされるのね。だから一緒にゼミ方式で参加するなど、長期に渡るAOでなければならないと思います。米国や欧州では、既にその取り組みが沢山行われています。

厚生労働省「ギャップイヤー」導入を提言

厚生労働省は、平成23年版労働経済白書を発表。大学教育では、文系に偏重した学部、学科構成について再検討が必要で、春に入学試験に合格した学生の入学を秋まで猶予する「ギャップイヤー」を導入し、猶予期間中に留学や就業体験などをすることで、早い時期から学生の職業観を養うことが有効、とする提言をまとめた。

また白書では、大卒者の就職難を受け、大学教育と就職の関係を分析。このなかで学生数が多い学科と産業界が求める専門知識との間に隔たりがあると指摘している。

（2011年7月）

尾木コメント

分析は間違いでないと思いますが、施策があまりにもチマチマしていますよね。半年ぐらいのギャップイヤーをおいたところで、皆ゲームして疲れたり、ボケーとして終わりです。やるのであれば2年間ぐらい、あるいはイギリスのように1年半にしなければ、ギャップイヤーとは言えませんよ。そのぐらいあれば「遊学」でなく、本格的に1年間留学しようとかできるわけです。効果がちゃんと出るように、期間を1年半から2年に広げることを提案したいです。

全国で16歳から65歳までの5千人国際成人力調査（PIAAC）

文部科学省は、16～65歳を対象とする経済協力開発機構（OECD）の「国際成人力調査」（PIAAC＝ピアック）を実施すると発表。高校1年生が対象の国際学習到達度調査（PISA＝ピザ）の大人版で、常識的な知識の活用や課題解決力を問う。

調査には日本や韓国、米国、ドイツなど26カ国が参加。読解力、数的思考力、ITを活用した問題解決能力などを問う。文科省は8月～来年1月、無作為抽出した1万人に依頼状を送り、同意が得られれば調査員が訪問するなどして1対1で調査する。学歴や職歴、収入なども聞き取る。結果は2013年秋頃、公表される予定。

（2011年7月）

尾木コメント

これは意義ありますよ。以前、日本は理科だけ参加して、数少ない参加国の中で最下位か最後から2位の惨憺たる結果。驚くのは、その大人たちが15歳頃に受けたピサ調査では世界でトップだったこと。この学力の剥落《はくらく》が問題で、学力の定義そのものの見直しが必要です。2013年に「PIAAC《ピアック》ショック」走る、と今から予言します。

2012年春から新教科書誕生 論理的思考力強化が狙い

日本の児童生徒が国際的に弱いとされる、知識や経験を活用しながら自分の考えや思考内容を筋道立てて表現する「PISA《ピザ》型学力」。国際調査で日本の生徒は学習意欲が著しく低く、選択式問題はともかく自由回答や論述形式の設問に極端に弱いことなどが問題点として浮上。「PISAショック」と呼ばれ、日本の教育関係者に大きな衝撃を与えた。

児童生徒の考察を表現させる欄を大幅に増やす趣向が凝らされ、PISA型学力の巻き返しに向けて随所に工夫を重ねた教科書が、この夏、全国の教育委員会で採択される。

（2011年7月）

尾木コメント

分析自体は的確だけれど、教科書に集約して教室でページを開きながら獲得させようなんて、スケールが小さいですよね。例えば、学校行事の主役に子どもをすえて、いきいきと動いていくことで活用力、応用力とか、物事を判断する力や探究力がついて、血肉化していくはず。教科書や教室にしばられない実践に期待しましょうね。

大学への入学年齢の幅（国際比較）

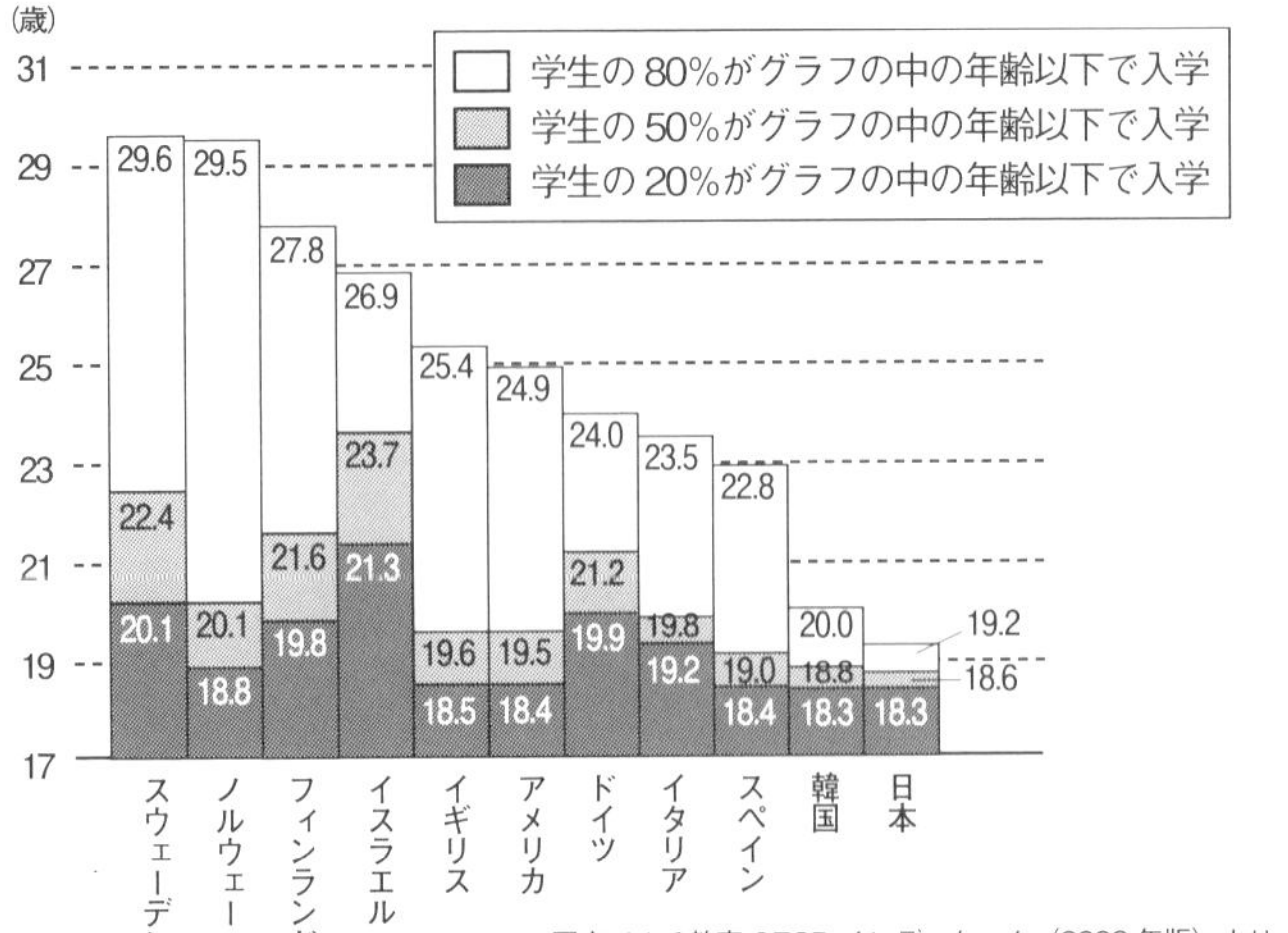

図表でみる教育 OECD インディケータ（2008 年版）より

日本は OECD 加盟国中で大学入学時の年齢幅が最も小さい国となっている。近年社会人学生が増えてきたとはいえ、日本の学生の 8 割は 19.2 歳以下、5 割が 18.6 歳以下、2 割が 18.3 歳以下という若年齢で大学に入学する。

スウェーデンでは高卒後、進学の動機が熟するまで社会で働く

スウェーデンの大学生は「就活」に追われない。高卒後、19歳で大学に入るのは10人に1人。多くは「なぜ進学するのか」という動機が熟するまで社会で働く。企業も卒業年齢にこだわらない。

ストックホルム大学3年のシモン・ヤコブソンさん（23）は、2年間、飲食店で皿洗いやコックをしながら、旅をしたりいろんな人びとに出会ったりして人生の目標が見つかった。そして、21歳で大学へ進学。今は、北欧の豊かな自然も気候変動や開発にさらされているからと、環境を守る仕事に就くため大学で学んでいる。

（２０１１年１月）

尾木コメント

国際社会をみれば、大学1年生の平均年齢は22、23歳です。つまり大学は、自分の生涯学習としての学びの場所にしかすぎない。自分をブラッシュアップしていく、スキルアップしていく機関にしか過ぎない。日本の場合は最終のブランド力をつけるために大学をめざすから、受験地獄なんかが起きる。そんなこと、どう考えたっておかしいんです。

中国も就職氷河期 大学の規模拡大で学生急増

中国では6月が卒業シーズン。世界第2位の経済大国に浮上した陰で、就職先が決まらないまま卒業する大学生が毎年百万人以上にのぼっている。大学の規模拡大に伴う学生数の急増に、採用の増加が追いついていないためだ。

日本語検定1級の資格を持つある女子学生（23）は、日系企業中心に10社の面施を受けたが、内定はゼロだった。絶対数が足りないだけでなく、企業が求める、前向きに取り組む姿勢やコミュニケーション能力を備えた人材が少ないことも採用に至らない一因だという。

（2011年5月）

尾木コメント

これも中国の新しい困難です。まだ企業側も大卒を採用するだけの力量や技術力、レベルを要求しない。需要と供給のアンバランス、ミスマッチが起きている。そんな状況の中、お金のある家庭は留学して海外へ出ている。中国の高等教育はグラグラ揺れています。どの方向を取るのか、何が正しいか今後を見守ることが必要でしょう。

企業側、学生の質の低下を実感、大学側は反論

就職情報会社「マイナビ」の調査によると4割を超える企業が、今の学生はあいさつなども含めたコミュニケーション能力が落ちたと指摘し、学生の質の低下を実感している。一方、大学側からは社会のリーダーとなり得る学生の能力は決して落ちていない、学生たちのITスキルも、昔より向上していると言う。

企業と大学の認識に隔たりがあるのは、人材育成の観点から企業と大学が連携できていないから。例えば企業側は求める人物像を「変革に耐えうるチャレンジ精神」と曖昧《あいまい》な言い方でなく具体的に示すべきだし、大学側も育成しようとする人物像を「建学の精神」など、抽象的な文言に頼らずに明示する必要がある。

（2011年10月）

尾木コメント

確かに大学生のITスキルは上がっていますが、それを使いこなす本人の人間性やコミュニケーションスキルは全然上がってません。学校で教えるスキルはKY（空気を読む）スキルで、心理主義に陥っている。企業も必要なスキルや人材像を、もっと具体的に発表したらどうでしょう。

震災で見送りの全国学力調査に良問が

全国学力調査は、小6と中3を対象に国語と算数・数学の各2教科で2007年度に始まった。今年度は東日本大震災を受け、被災地に配慮して全国調査としての実施を断念。希望校だけに問題を配り、自由に活用してもらう方式としたが、希望率は結局76％に達した。10道県は道県独自の調査として活用する。

2教科とも、主に基礎知識を問うA問題と、応用力を測るB問題に分かれており、B問題は日常生活や実社会に出て使える学力をみる理念で作問された、PISAの趣旨にも沿う良問が多かった。

（2011年10月）

尾木コメント

A問題、B問題と分けていることが問題なんです。基礎の中にも想像力を働かせれば、深い学びがあるのに。日本では基礎を単純に段階分けして、小学校3年で6年の課程をやっていると、頭がいいと誇るわけです。違うと思いますよ。本質を見抜く力までどう深まっているのか、分かる力を深めることが大事です。そこの視点が教育界には欠けていますね。

ベテラン教員、すり減る意欲「仕事楽しい」50代は急減

教員の感じる働きがいが、ベテランになるほど落ちている。そんな結果が全国の教員1万人を対象にした、社団法人・国際経済労働研究所（大阪市）と日本教職員組合の共同調査で明らかになった。一般企業の従業員とは正反対の傾向だ。

特に男性教員に働きがいの「劣化」が激しかった。例えば「仕事が楽しい」は、男性教員の30歳未満で83％、30代77％と、男女合わせた全体の平均より高いにもかかわらず、40代は65％、50歳以上では55％と平均以下に。特に中学校の男性は30歳未満の83％が、50歳以上では49％にまで落ち込んだ。

（2011年9月）

尾木コメント

深刻です。民間企業なら仕事の質やポジション、給料など目に見える形で上がって反対ですよ。以前は教師は校長、教頭を除いて基本的には皆が平等。ベテランは担任に、学年主任に、進路指導主任にと仕事が増えるから、歳とともに疲弊する。ベテランゆえの良さや力を発揮し、喜びを感じるためにも、不足している教師の数を1・5倍に増やすことですよ。

辞める新人教員増加 10年で8・7倍、「心の病」理由

文部科学省の調査によると全国の公立の小中学校・高校・特別支援学校などに勤める新人教員のうち、1年以内に依願退職した人の数が、10年間で8・7倍に増えたことがわかった。特に心の病による退職が急増している。団塊世代の大量退職による負担の増加や、保護者や先輩教員らとの人間関係からくる悩みを原因に挙げる声がある。

10年度の退職理由の内訳を見ると、「自己都合」（58%）に次いで多かったのが「病気」で、101人（35%）。このうち精神疾患は91人を占めた。

（2011年11月）

尾木コメント

新米の先生が保護者やベテランに応援されながら、伸びやかに教師生活をスタートすることは無くなりました。文科省の新任研修は指導教員を張りつかせて、年間80日ぐらいの研修づけ。生徒にすれば新任の先生は学校には不在がちで、本物の先生に思えないわけ。だから子どもから距離ができてしまって、辛くなって辞めてしまうのも当り前ですよ。むしろ現場で張り付いて、サポートしてくれたらいいのに。

福井県、高校生が教員の授業を評価

県教委は、高校生による教員の授業評価を本年度から実施することを明らかにした。教員の授業力を高め、小中学生全国トップレベルの学力を高校でさらに伸ばす狙い。

授業評価は、西川知事がマニフェスト「福井新々元気宣言」で掲げた「福井型18年教育」の施策の一つ。県教委によると、東京都や神奈川県などで既に実施されており、成果については生徒の目線に立った授業を心掛ける教員が増え、生徒は授業に対する意識が高くなったとしている。一方、課題として、生徒の主観によって人気投票になるケースもあることをあげている。

（2011年5月）

尾木コメント

福井は秋田と並んで、義務教育課程の学力はトップ、幸福度日本一の県です。思いは理解できるけれど、先生たちが変に怯《おび》えたり、子どもに媚《こび》を売るようなことになってはいけません。またそれをやるのであれば一方通行ではなく、先生方の教育委員会の指導主事評価もやるべきです。先生だけがサンドイッチでは苦しめられるだけになる。

心の病で休職の教員に職場復帰支援の研修プログラム

石川県では、精神疾患を理由に休職中の教員の職場復帰を支援するため、県教委が導入した研修プログラムが定着している。昨年度は21人が研修を経て教育現場に戻り、2008年度のプログラム導入から計35人の復職に結びついた。一方で、研修を受講しても職場復帰できないケースもあり、ストレスを抱える「予備軍」の相談体制の充実などにも力を入れている。

「職場復帰支援プログラム」は、うつ病など精神疾患の治療で職場を離れた教員に授業の「感覚」を取り戻してもらうために用意された。▽学校に通勤する▽職員室で過ごす▽ほかの教員らと連携して授業する、などの段階に応じて実施され、最大で3ヶ月間取り組むことができる。

（2011年7月）

尾木コメント

精神的に疾患をもった先生の職場復帰を支援するのはいい事ですよね。ただ、それが逆にプレシャーにならないように。本当にその先生にとって、力になって有難い、助かる、私もやっていけるかもわからないという勇気や元気がもらえる支援や評価であってほしいです。

楽しく働いて、人のために大学生の就職観

楽しく働き、私生活と仕事を両立させ、そのうえ人のためにもなりたい。就職情報会社マイナビが行った調査で、そんな大学生の就職に対する考え方が浮かび上がった。調査は、2012年春に卒業予定の全国の大学生、大学院生約1万人を対象にインターネットを通じて実施。8つの選択肢から自分の「就職観」に最も近いものを選んでもらったところ、「楽しく働きたい」がトップで、「個人の生活と仕事を両立させたい」「人のためになる仕事をしたい」と続いた。このうち、「人のためになる仕事をしたい」の割合は10年前と比べ倍増しているという。同社の担当者は「社会貢献に力を入れる企業への学生の関心は高まっている」と話す。

（2011年10月）

尾木コメント

楽しく働きたい、当り前です。多くの人は何らかの形で65歳あたりまで働くわけで、そこが楽しくなかったら、なんのために生きているのかわかりません。人の役に立ちたいというのも、人間の本能みたいなものですしね。ようやく若い人たちの生き方が、前面に出てきたかなと、ホッとしますよね。

中退者の学び直しに支援 政府も本腰を入れて調査開始

高校中退者は年間約5万7千人。人と人とのつながりが薄れるなかで、居場所を失った中退者が孤立するリスクが高まっている。そんな若者たちに居場所を提供しようと、中退経験者が自宅で無料塾を開始したり、NPO法人が、貧困などのため教育の機会を失った若者の学び直しの支援をする取り組みが全国各地で起きている。

さらに政府も本腰を入れ始めた。一人ひとりに居場所と出番がある社会にするための戦略を策定する特命チームを設置。どこからも十分な支援が届いていない典型例の一つとして高校中退者をあげ、当事者への聞き取り調査を始めた。来年度、初の大規模調査に着手する。

（2011年11月）

尾木コメント

中退後、どうなっているのかを掴《つか》むのは意義がありますよね。昨年の夏の内閣府の調査で、引きこもりの人は潜在的に155万人、平均年齢は約35〜38歳と言われていますね。引きこもっている人はいい人、優しくて、学力も高いし、国や社会としても損失だと思います。政府も本腰入れて、まず実態を把握してほしいですよね。

進学時の環境変化になじめない「中1ギャップ」解消に向け対応

「中1ギャップ」とは、小学校卒業後に、中学校での新しい学校生活になじめず、ストレスで不登校になる子が出たり、いじめが急増したりする現象のことだ。命名したのは新潟県教育委員会。中学校に上がった時の不登校生徒の急増に気づき、2003年から新潟大学の神村栄一准教授（教育心理学）らと協力し、解消に取り組んでいる。

中学校に進むと、ほかの小学校からクラスメートが入ってきたり、授業の教え方が変わって小学校に比べて勉強が難しくなったり、部活動で上下関係が厳しくなったりと、大きく生活が変わる。これが中1ギャップの原因と言われている。

（2011年3月）

尾木コメント

中1ギャップというのは、単に学校が小学校から中学校に変わって、知らない子がクラスメートになったり、勉強が難しくなるからだけの問題じゃないのに、すぐに小中一貫校の話なんかにつなげちゃうんです。ここには思春期の発達特徴という問題があるのに、これについては誰も何もいわないんですよ。

経済的理由の私立高中退者4割減に

経済的理由で私立高校を中退した生徒が、昨年度より約4割減ったことが、全国私立学校教職員組合連合の調査でわかった。昨年度からの公立高校授業料無償化に伴い、私立高に就学支援金が支給されていることが要因とみられる。33都道府県の私立高320校から回答を得て調査。人数、割合とも調査を始めた1998年度以降で最少だった。私立高の年間学費は平均54万6千円。就学支援金の上限は11万8800円（世帯年収250万円未満は23万7600円）。このため、国とは別に補助制度を設けている自治体もあり、9府県が世帯年収350万円未満の生徒に授業料全額を補助するなどしている。

（2011年11月）

尾木コメント

高校の授業料無償化は効果があるんですね。この大変な時期に、自分たちが目を掛けて貰っているという、そのメッセージ性が大事。社会や大人への信頼感が生まれ、犯罪も減るだろうし、求められているという思いから勉強しようとか、復興に協力しようというふうになる。数値には表れない何倍もの成果が返ってくると思っていいんですよ。

文科省、20歳前後の若者対象いじめ後遺症の調査、支援へ

文部科学省は今年度から来年度にかけ、中学時代にいじめなどが原因で不登校になった20歳前後の若者を対象に、現在の生活実態を追跡調査する。調査は平成18年度に中学を卒業した不登校の生徒4万人が対象。在籍した中学に問い合わせて、本人と連絡を取るなどして現在の状況を聞き取る。特にいじめによる不登校生徒は、その後も「いじめ後遺症」に苦しみ、引きこもりになるケースがあり、卒業後も長期的な心のケアの必要性が指摘されていた。文科省は、不登校生徒の卒業後の生活を把握し、その後の支援に役立てていきたいとしている。

（2011年10月）

尾木コメント

いい調査だと思いますよね。いじめ問題で重要なのは、小・中でのいじめのトラウマを高校でいかに癒すか。これは高校の一つの大きな課題のはずなんです。いじめを引きずっている子は、高1の教室で教師がこの子何か変だという目でふと見る、もうその子は「あ、自分の居場所がない」というのを鋭く感じちゃうんです。だから丁寧な対応が大切なんです。

震災後を生きる子どもたち

２０１１年３月11日の東日本大震災の問題に向き合うことなしに、これからの日本の教育は語れません。震災後を生きる子どもたちの問題にスポットをあててコメントします。

震災・原発事故後の子どもたちのケア

震災や原発事故で不安や悩みを抱える児童や生徒の心のケアは、学校での相談業務にとどまらず「学校ソーシャルワーカー」を活用するなど、横断的な対応が重要とする研究報告を福島大の鈴木庸裕教授（学校臨床心理学）がまとめた。鈴木教授は、教師が気づいた子どもたちの生活上の問題点を、解決につなげる態勢が整っていないと分析した。（２０１１年10月）

尾木コメント

その通りですよね。被災地では先生方の心が萎《な》えちゃって現場は疲弊しているんですから。ポイントは俺たちがやりますからと先生に負担がかからないようなサポート体制、先生自体のケアです。

文科省、もっと休んで 被災地の先生、岩手など3県教委に促す

文部科学省は、東日本大震災の被害が大きい岩手、宮城、福島3県の教育委員会に、教職員の休暇取得とメンタルヘルスへの配慮を求める通知を出した。子どもの心のケアに第一線で当たる教師たちが心身のリフレッシュをすることで「燃え尽き」を防ぐ狙いだ。教委と学校が連携し、学校ごとに休暇取得計画を立てるよう呼びかけている。

森ゆうこ副大臣は「先生に倒れられたら一番困るのは子ども。『おせっかい』と思われてもいいから、積極的に呼びかけることにした」と話している。（２０１１年11月）

尾木コメント

大賛成です。ただ被害があんまり無かったところ、もう校舎も無いようなところでは実施に向けて落差があるから、ただ休暇を取れと言うだけでは、現場は休暇なんて取れない。例えば臨時的でもいいから２０００人の人材を準備したから、どうぞ使ってくれとかならわかるけど。ただ計画してやりなさいでは、絵に描いた餅ですからね。

一緒に遊び、「あのね」待つ 遺児の心のケアに関心高まる

親やきょうだいを亡くし、一人で抱えきれない記憶や言葉にできない思いを抱えている子どもに、どう寄り添い支えていくか。東日本大震災を機に遺児の心のケアに改めて関心が高まり、支え手の広がりも求められている。

「悲しみや怒りを表に出せないまま、不登校や非行という行動にいたる子もいる。こうしたサインをいつでも受け止め、長い目で見守り、関わり続ける大人の存在が必要だ」と、兵庫教育大学大学院の冨永良喜教授（臨床心理学）は指摘する。

（2011年11月）

尾木コメント

遺児や孤児をどう救うかの教訓は、阪神大震災で得ているんです。思いっきりサンドバックなんかを打てる部屋、寝っ転がれる癒しの部屋、ミーティングの部屋など、本当にざっくりとした空間でもいいから、同じような体験をもっている子が集まれるセンターというか、ハウスをまず作ることが大事だと思います。そこを拠点に志ある人、心が集まってくると思うんですよね。

今こそ子どもの話聴いて 震災半年、仙台で教諭ら協議会

震災で傷ついた子どもたちの心をどう支えればいいのか。現場の教師と専門家たちが心のケアを話し合う協議会が仙台市で開かれた。震災から半年が過ぎた今の時期に大切なのは、子どもが辛さを表現したらきちんと耳を傾けることだ、と専門家たちは指摘する。

参加した教師たちは3つのグループに分かれ、それぞれ識者を囲んで悩みを打ち明け合った。仙台の小学校の女性教師は、震災で母親を亡くした女の子が「津波で死ねばよかった」と口にしたり、「私はだめだ」と叫んだりするが、どう対応していいのかわからないと訴えた。

（2011年10月）

尾木コメント

日本の場合、「一緒に死ねばよかった」という気持ちが起こるんですね。お母ちゃんの分まで生き延びよう、お母ちゃんがやりたかった何かを実現しよう、お母ちゃんの期待に応えてみようとか、目標をもったり、今ある状況に感謝するだとか、一人ひとりに寄り添って、一緒に答えを見つけてあげるというのがすごく大事だと思います。

南相馬市の小中学校 子どもたち校舎に戻る

原発事故に伴い閉鎖されていた福島県南相馬市の小中学校のうち5校が、緊急時避難準備区域が解除され、除染作業も済んだため、震災以来約7カ月ぶりに子どもたちが学校に戻った。

原発から約21キロと最も近い大甕（おおみか）小の平間校長は復活式で「きょうの笑顔を忘れず、たくさん思い出をつくりましょう」と呼びかけた。同校の現在の在籍児童は、本来は年度当初に204人いるはずだったが、避難が相次ぎ再開時は75人に減っていた。

（2011年10月）

尾木コメント

経済力や仕事上動ける家庭は安全な所へ引越しているなかで、避難したくてもできない人たちは、自分たちは取り残されたという感が強いわけです。親も大変な思いをされています。本来なら集団疎開の措置をとるべきかも知れませんが、美しい故郷・友人を見捨てることはとても過酷なことなのです。綺麗事言っている場合ではない。今のままの放置はだめです。

農業高校で使用の腐葉土から放射能検出

栃木県教育委員会は、県立栃木農業高校で使用していた腐葉土から、国の基準（1キロあたり400ベクレル）の74倍にあたる2万9600ベクレルの放射性セシウムが検出されたと発表。

県教委によると、同校は6、7月に鹿沼市の製造業者が作った腐葉土を購入。別の土と混ぜて使用した際、5380ベクレルの数値が検出された。最大で150～160人の生徒が、これらの腐葉土に触れた可能性があるという。今のところ健康被害は確認されていないという。

（2011年10月）

尾木コメント

栃木県はものすごく警戒しなきゃいけないわけで、学校関係者の意識の低さにびっくりします。今、都内の私立中学校なんかは、線量を測っているかどうかで受験者数が増減する。国民がこれだけデリケートなのに無策とは。学校の教師は安全・安心の教育や、原発から子どもを守るとはどういうことなのか、本気で基本から学習し直さなきゃいけないと思いますね。

福島県、子どもの甲状腺検査開始 36万人が対象、生涯継続

原発事故による放射線の影響を見守る福島県の健康調査で、甲状腺検査が福島県立医科大（福島市）で始まった。対象は震災当日に0～18歳だった子ども全員で、県外に避難した人も含まれる。2年半で36万人の検査を一巡させ、現時点での異常の有無を把握する。その後も定期的な検査を生涯続ける。

チェルノブイリ原発事故では4、5年後から甲状腺がんが子どもに増えたため、福島県は当初、3年後の検査開始を予定していた。しかし、不安を訴える親たちの声に応じるため、検査を前倒ししてスタートすることになった。（2011年10月）

尾木コメント

これは当然のことですが、結果が心配ですね。これから3年後くらいから出てこなければいいんですが。検査をただ待つんじゃなくて、今何ができるのか、やれること、ベストなこと―除染だとか、いろんなことを含めて国をあげて、総力を尽くすべきだと思います。検査して結果が悪かったから、じゃ遅い。非科学的に私たちも大丈夫だと安心しているようでは駄目ですね。

震災父子家庭の不安・孤立防げ 支援手薄、母子より注目されず

震災で妻を亡くし、父子家庭になった父親が増えた。父子家庭は、公的支援が手薄で社会的関心が低く、当事者が孤立しがちという問題点が指摘されている。

母子より平均所得が高いという理由で、各種の自立支援制度は母子家庭に比べて乏しい。しかし、父子家庭の4割弱は年間就労収入300万円未満（2006年度）にとどまる。

NPO法人「ファザーリング・ジャパン」の安藤哲也・代表理事は「家庭や子どものことを妻任せにしてきた夫は、何をしていいか分からない。学校や地域でのネットワーク力が弱いので孤独感が募る」と指摘する。（2011年9月）

尾木コメント

確かに父子家庭は差別されて社会的に苦しい状況にあるんです。とくに震災で生まれた父子家庭はいきなりその状況に陥ったわけですから、心構えも何もないわけですよね。まず父子家庭の聞き取りから始まって、やれる事を、すぐ手を打たなきゃいけない。そう思います。

母の立場で、被曝から子を守る「NO！　放射能『江東子ども守る会』」

子どもたちを放射線被曝（ひばく）から守ろうと、放射線量を独自に測り、そのデータを自治体に示して、もっと細かい調査と、除染をするように求める活動をしているのが「NO！放射能『江東子ども守る会』」。

石川あや子代表は「食品による内部被曝を妊婦も含めて防ぐよう、行政への働きかけもしていく。結成3カ月ですが、痛感するのは、いかに大勢の人が放射線の恐怖に漠然と怯え、そのストレスに黙って耐えているかということ。不安を吐き出して、それから自分の地域で動いて、できるだけ正確な情報に近づいて、と助言しています」と取材に応えた。（2011年8月）

尾木コメント

子どもたちの命に直接関係のあることは、行政や政府にただ頼るだけでなく、市民自らが動いていく必要がありますね。だから、こういう活動が、あちこちから出てくるということは、たいへん意味がある。食品による内部被曝の許容量にしても、まだまだ不確かなことが一杯ありますから、私たちももっと学んでいく必要がありますね。

学校給食、まるごと検査　放射性物質で千葉市が方針

学校給食の安全性を高めるため、千葉市は独自の放射性物質検査を始める。原発事故を受け、これまで調理前の食材を検査してきたが、保護者の不安が収まらず、市長の発案で新方式に踏み出す。

新方式では、1週間分の給食を保存、まとめてミキサーにかけて放射線を測定することを検討。微量でも検出できる機器を持つ外部機関に測定は委託する方針で、実際に1人前を食べるとどのぐらいの放射線量になるかを把握できる。中学校は3つの給食センターで調理しているので検査しやすいが、小学校は117校すべてに給食室があるため、検査はローテーション方式にする計画だという。

（2011年8月）

尾木コメント

こういう動きが取れるというのは、非常に現実的で、安心感を与えますね。市が音頭を取ったのは千葉市が初めてですよね。こういうニュースはうんと広げて、全国に広がってほしいです。こうやってできるんですから、親もどんどん要求を出してやっていかないといけないと思いますよ。

食品汚染とどう向き合うか人によって考え方異なる

放射線防護学専門で立命館大学名誉教授の安斎育郎さんの発言から。「71歳の僕みたいな高齢者が、汚染したものを多少食おうが、20年後は他の原因で死んじゃっているでしょう。しかし子どもは細胞分裂が盛んで感受性が高く、長く生きるぶん放射線を浴びる可能性も大人よりある。子どもには、より安全なものを食べさせる親の判断がある。例えば、福島産と愛媛産の野菜があれば愛媛産を選びたくなるでしょう。でも、福島産と聞いただけで心を閉ざすのは、被災した生産者を苦しめる。まずは両方の自由を認め合い。その上で、お互いに意見交換をしながら考えることが必要です。」

（2011年9月）

尾木コメント

生理学的には確かにそうですが、食べ物の問題は、生涯を健康でより良い環境の中で生きるんだ、という生き方の問題です。むしろ産地を表示するのではなく、食品の放射線量をきちんと測ってそれ明示するべき。感情移入をするとどうしても気持ちがブレる問題ではないでしょうか。

首都圏でホットスポット続出学校の説明に疑問

放射線量が局所的に高いホットスポットが相次ぎ見つかっている首都圏で、小学校や幼稚園の秋の遠足などに影響が出ている。山里や公園の落ち葉に放射性セシウムが蓄積しやすいとされるためだ。

東京都中央区は、千葉県柏市にある区立の教育施設「柏学園」のこの秋の利用中止を決めた。同園は約4万6000平方メートルに宿泊施設や運動場があり、樹木観察やキャンプファイアを通して子どもたちが自然を体験できる施設。今月の調査で敷地内の雨どいや側溝から最大2・13マイクロシーベルトを検出、保護者からも「本当に大丈夫か」との問い合わせが多く、中止が決定された。

（2011年11月）

尾木コメント

正しい決定だと思います。私も保護者から行事を強引にやっている、という怒りの声をずい分聞きます。「行事主義」的姿勢が学校にはありますから、こういう事例に学んで安易にでなく、最大の警戒と配慮をするのが学校の基本だと思います。安全に配慮し過ぎということはないと思います。

OGI NAOKI THE BEST BOOKS

OGI NAOKI THE BEST BOOKS

尾木直樹 著

日本の教育をもっと良くし、子どもたちの幸せを願う全ての方に…

ベストブックス

教育はどこへ行く？ 教師へ、親たちへ

日本人はどこまで
バカになるのか
―「PISA型学力」低下

尾木直樹著
青灯社
定価1575円（税込）
238p/B6判/
2008年4月刊

国際調査で日本人15歳の学力がさらに低下していることが判明。発想転換のできない文科省の新学習指導要領。国際社会に取り残されない、生きる力を育てる学力観や家庭での子育てのあり方を提言します。

尾木ママと考える
大震災後を生きる
希望のヒント

尾木直樹 石坂啓共著
金曜日
定価1260円（税込）
180p/四六判/
2012年2月刊

漫画家・石坂啓さんが「日本の活性化と復興に向けて私たちは何ができるか？」について、尾木ママにお願いした個人授業。震災後の社会の進むべき方向、教育のあり方のヒントがたくさん詰まっています。

危機の大学論
―日本の大学に
未来はあるか

尾木直樹 諸星裕共著
角川oneテーマ21
定価760円（税込）
208p/新書判/
2011年11月刊

未曾有の変革期を迎えている日本の大学教育。学力低下やコミュニケーション格差、深刻化する就職率低下。その内実と改革の展望を初等中等教育・大学教育の現場を踏まえ一刀両断する諸星裕氏との対談！

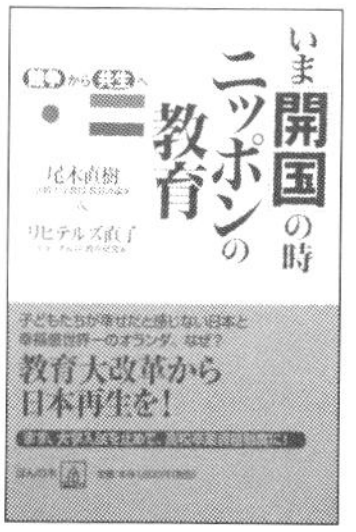

いま「開国」の時、
ニッポンの教育

尾木直樹
リヒテルズ直子共著
ほんの木
定価1680円（税込）
264p/四六判/
2009年5月刊

尾木直樹さんと、オランダ在住の教育・社会事情研究家、リヒテルズ直子さんによる対談です。今の日本の教育鎖国についての具体的提言が書かれていて、この本を読んでいくと未来への希望が沸いてきます。

下記の専用サイトからもお申し込み頂けます。
尾木直樹書籍通信販売サイト　http://shizennakurashi.sakura.ne.jp/books_oginaoki/

教師格差
—ダメ教師はなぜ
増えるのか

尾木直樹著
角川 One テーマ 21
定価 720 円（税込）
221p/ 新書判 /
2007 年 6 月刊

「教師格差」は教育崩壊のもうひとつの現実です。なぜ教師力は落ちたのか？　追いつめられ、教師格差が生じている現状や苛酷な教育現場の実態など、その背景を分析し教育再生への道筋を照らします。

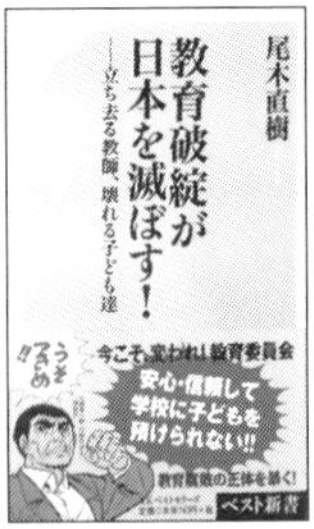

教育破綻が日本を滅ぼす！
—立ち去る教師、
壊れる子ども達

尾木直樹著
KK ベスト新書
定価 780 円（税込）
212p/ 新書判 /
2008 年 12 月刊

教育委員会が教師や親、子どもにいかに影響を与えているかということについて解説。現在の教育委員会が抱えている問題点を的確にとらえ、教師以外の人にもわかりやすく説いている内容です。

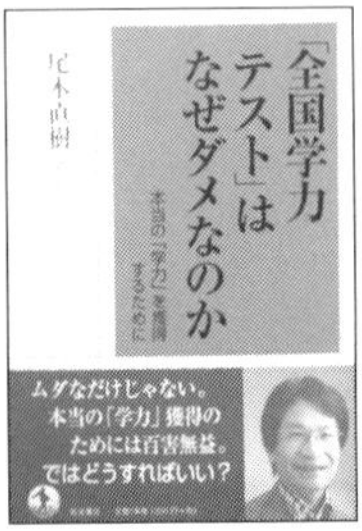

「全国学力テスト」は
なぜダメなのか
—本当の「学力」を
獲得するために

尾木直樹著
岩波書店
定価 1260 円（税込）
120p/B6 判 /
2009 年 12 月刊

競争すれば学力は上がると信じて実施された「全国学力テスト」の結果は、むしろ学力低下と競争の激化でした。その挫折した経緯と、ゆとり教育が本来目指していたものについても言及しています。

子どもが自立する学校
—奇跡を生んだ
実践の秘密—

尾木直樹編著
青灯社
定価 2100 円（税込）
367p/ 四六判 /
2011 年 1 月刊

生徒が自主活動をはじめる、荒れやいじめが収まる、進学率も急上昇。全国 8 校の中学・高校が、どのようにして、子どもが主役の学校づくりを進めていったのかを紹介。創意工夫と具体的ヒントが満載です。

変われるか?日本の教育
—現場の視点から
「教育改革」を斬る

尾木直樹著
新日本出版社
定価 1890 円（税込）
245p/ 四六判 /
2009 年 9 月刊

時代に逆走する「改正」教育基本法。子どもや教員の味方になれない教育委員会。海外から見た「教育鎖国」日本。これまでの教育問題を明らかにし、今後の進むべき方向を示唆する転換への処方箋。

学校を元気にする
50 のルール

尾木直樹著
三省堂
定価 1680 円（税込）
255p/ 四六判 /
2008 年 5 月刊

「真の教育改革とは何か？」あらゆるメディアでそれを問い続ける著者が書き下ろした、学校を元気にする「50 のルール」。子どもを主役にした指導ポイントや親との相互理解、親と連携するコツを模索します。

子どもの危機をどう見るか

尾木直樹著
岩波新書
定価819円（税込）
244p/ 新書判 /
2000年8月刊

子育てをしている親、教師の立場から、いじめ、引きこもり、不登校など社会で起きている子どもを取り巻く様々な問題がわかる本。また、これらの問題をどう打開するか分析と実践例を提示しています。

「ケータイ時代」を生きるきみへ

尾木直樹著
岩波ジュニア新書
定価819円（税込）
244p/ 新書判 /
2009年3月刊

全国約3千人に及ぶ中高生のケータイ生活の実態調査データを用いながら思春期とケータイとの関係性を子どもの目線で考えます。中高生にとってケータイの必要性を検証するたいへん参考になる一冊。

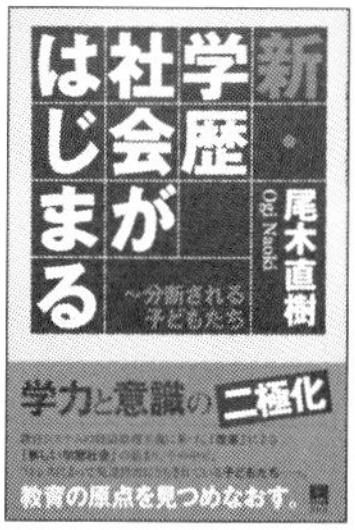

新・学歴社会がはじまる

尾木直樹著
青灯社
定価1890円（税込）
268p/ 四六判 /
2006年11月刊

私立中学や中高一貫校に進む少数のできる子と、その他大勢のできない子の学力の二極化が進んでいます。さらに、国のエリート教育政策が、学校現場を荒廃させている。その深刻な現状と再生を考えます。

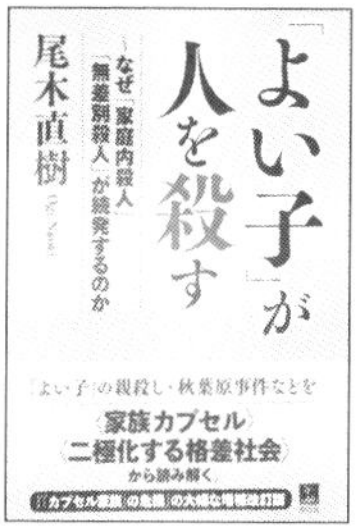

「よい子」が人を殺す　―なぜ「家庭内殺人」「無差別殺人」が続発するのか

尾木直樹著
青灯社
定価1890円（税込）
242p/ 四六判 /
2008年8月刊

若者による家庭内殺人や秋葉原事件のような無差別殺人が続発しています。これらの要因は何か。若者による事件背景、克服する道を、「格差社会」、「家族カプセル」、「子ども観」等の見直しのなかで考えます。

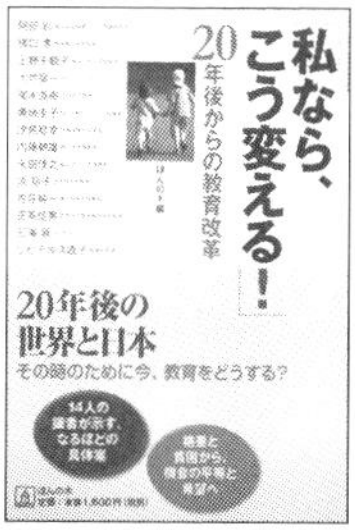

私なら、こう変える！　20年後からの教育改革

ほんの木編（尾木直樹共著）
ほんの木
定価1680円（税込）
201p/A5判 /
2010年1月刊

明確な未来を示せないまま閉塞している日本の教育。その影響は子どもたちにいじめ、不登校といった形で現れています。「20年後の日本のために今、どうあるべきか？」そんな疑問を解く一冊です。

いじめ問題とどう向き合うか

尾木直樹著
岩波ブックレット
定価504円（税込）
71p/ A5判 /
2007年3月刊

深刻化する今のいじめと絶望する子どもたち。「いじめと家庭」、「学校はいじめを止められないのか」など、今日のいじめの特徴や背景などから、その問題点を考察。いじめの克服法についても論じています。

下記の専用サイトからもお申し込み頂けます。
尾木直樹書籍通信販売サイト　http://shizennakurashi.sakura.ne.jp/books_oginaoki/

尾木ママの親だからできる「こころ」の子育て

尾木直樹著
PHP 研究所
定価 540 円（税込）
208p/ 文庫判 /
2011 年 11 月刊

親が上から目線で接すると、子どもはかえって反発したり、いい子を演じてしまいます。本書では肩の力を抜いて子どもと協力し接していく方法をやさしく解説。あなたの子育てがきっとラクになります！

尾木ママの共感♥子育てアドバイス

尾木直樹著
中央法規出版
定価 1050 円（税込）
192p/ 四六判 /
2011 年 12 月刊

反抗的で…勉強しません…いじめられているかも…など、全国のママ・パパから寄せられた 27 の子育ての悩みや質問に、尾木ママが愛をこめてアドバイス。子どもの気持ちに寄り添うコツが判ります。

うちの子の幸せ論―個性と可能性の見つけ方、伸ばし方

ほんの木編（尾木直樹共著）
ほんの木
定価 1680 円（税込）
199p/ 四六判 /
2007 年 6 月刊

競争、学歴社会はいやだけど、子どもの将来を考えるとどうしたらよいか不安。そんなご両親を応援する本。子どもにとっての幸せな未来とは何か？について尾木さんを始め 6 名の専門家からのメッセージ。

尾木ママの「凹まない」生き方論

尾木直樹著
主婦と生活社
定価 1000 円（税込）
172p/ 四六判 /
2011 年 9 月刊

毎日イヤでも押し寄せる悩みや不安、そんなときにも落ち込まないで、明るく前を向いて生きるための“尾木ママ流”生きるヒント。読んでいくと肩の力が自然と抜けて、ラク～な日々がきっと過ごせます。

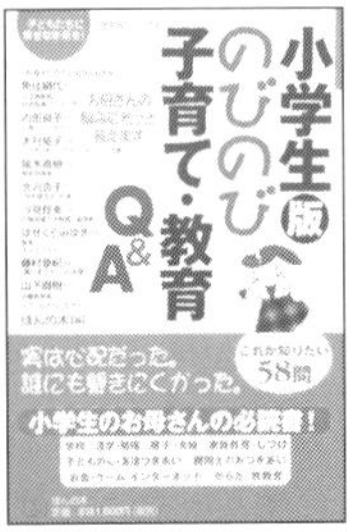

小学生版のびのび子育て・教育Q＆A

ほんの木編（尾木直樹共著）
ほんの木
定価 1680 円（税込）
207p/ 四六判 /
2007 年 9 月刊

いじめや引きこもり、お金やゲーム、インターネット等、今の日本ならではの社会や教育の問題について、ご家庭での悩み、ストレスが増えています。その解決の糸口をテーマ別にＱ＆Ａ形式で具体的に紹介。

尾木ママの「叱らない」子育て論

尾木直樹著
主婦と生活社
定価 1000 円（税込）
176p/ 四六判 /
2011 年 2 月刊

子育てのポイントは「叱る」代わりに「ほめる」ことです。誰でもほめられるとうれしくなって、さらに頑張ります。子どもはニコニコ笑顔。ママもハッピー。そんな、子育てを楽しむコツをお教えいたします。

これらの本はすべて「ほんの木」にお申し込み頂ければ、通信販売でお求めになれます。くわしくは、
TEL 03-3291-3011、FAX 03-3291-3030、Eメール info@honnoki.co.jpにお問い合わせ下さい。

読者の皆様と編集部で作るページ

このシリーズを読んだ「ご感想」、子育ての「悩み」「お考え」をご一緒に共有しませんか！

自分を育て、家族を育てることの大切さに改めて気付きました

日本をグローバルな視点から見るために、他の国の様子を知ることが大切だと思いました。今の日本には、国を指導する指導者が必要ですが不在です。一方では、学校に任せるばかりではなく、親から子へ教え育てることも山ほどあります。

でも今、あまりにも小学校から学校へ頼りすぎていると思います。嫌なことは人のせいにして、最後は国のせいにするのではなくて、一人ひとりが自立し、責任のある行いをすることが大切ではないでしょうか。

自分を育て、家族を育てることの大切さを改めて気付かせてくれた、この「未来への教育」シリーズにこれからも期待します。

（元教師・63歳・ＡＯさん）

言わなければならないことを保留せず、瞬時に発信していく尾木先生の思考の瞬発力に感心

従来と同じことばかりして、変化に適応していかないと、どんどん時代に遅れていく。失敗したら改める。そして良い方へ変えていくという努力を尾木先生から学びました。

私自身は、子どもたちがのびのびと学べるように、いかにして子どもを育てるかということを目標にしたいと思います。

この本を読んで、尾木先生の思考の瞬発力に感心しました。言わなければならないことを保留せずに、その場その場で判断して発信していくことを私もさっそく実行し始めました。

（主婦・48歳・ＭＵさん）

この本を読んで、改めて親子の絆、信頼関係の大切さを痛感しました

助産師の仕事をしており、日々子育てで悩んでおられるお母さんたちの育児相談を受けています。

私自身、二人の子どもを持つ母親であり自分自身の経験なども生かし、多くのお母さんたちに楽しく子育てをして頂きたいと日々がんばっています。この本を読んで、改めて親子の絆、信頼関係の大切さを痛感し、

私も明るい未来のため、子どもたちやお母さんたちのため、もっとがんばっていかなければと思いました。

また、二人の子どもたちにも目先の学力などに、ついつい口やかましくなってしまいますが、いい所を伸ばしていくことや、何がいちばん大切なのかを改めて考えさせられました。（助産師・39歳・JKさん）

世界が「グローバル化」しているのに、世界水準にはほど遠い日本の教育に怒りが募ります

格差社会になり、お金がなくてはまともに教育を受けることができなくなり、しかも貧困が増え続けていると思います。今の日本の教育制度に問題があることが、よく理解できました。世界中で「グローバリゼーション」と言っているわりには、まるで世界水準にはほど遠い日本の教育に、小泉改革で「沈没」してしまった日本の経済とのかかわりも理解すればするほど怒りが募ります。

しかし、本当の被害者は子どもたちで、親としてどうしていけばいいのか途方にくれてしまいます。せめて、正しい意味での「生きる力」「学力」を身につけさせ、自立できるようにしてやりたいと思いますが、学校制度とのはざまでうまくいきません。どうしたら自分でもできるかと、いつも悩んでいます。（小学校教師・48歳・SMさん）

創刊号で、尾木先生の「私が文部大臣になったら」を読んで、その通りだと思いました

やはり、国の体制ですが、尾木先生には首相になってほしい！　と思いました。そして、子どもを豊かに育てるために親はどうすればよいか、親への提言ももっと発信して下さい。今のままでは、子どもたちが社会に出たとき、自分の人生を好きでいられるか不安です。自分の頭と心で考えて行動していける「生きる力」は今の教育では身につかないと思います。かと言って、急に国の教育体制が変わるとも思えません。

まずは、家庭の中から何をしていけばいいのか。次号以降も尾木先生の教育に対する具体的提案を期待しています。（主婦・35歳・AIさん）

子どもたちが「より良い教育」を受けられるように、このシリーズでもっともっと学んでいきたい

私は五歳の男の子を持つ母です。この本を読むまでは、目前の子育てのことが一番気になっていました。しつけや礼儀でも、「何やってるの！　早くしなさい！」とよく言っ

てしまいます。でも、それ以上に大切なことは、日本の教育を良くすることだと知りました。

来年から小学校へ通います。「息子が就職するまでの間（就職もできるのか？）日本の教育がどうなっているのか？」とても心配になってきました。ですので、現在の日本の教育に私たち親はどのように接し、子どもたちに教育を受けさせていけばよいのか？　このシリーズでもっともっと学んでいきたいと思います。

（主婦・38歳・STさん）

日本という国、そのものが、先が見えなくてとても不安

我家は高三女子と高一男子の二人の子どもがいます。下の子は小学一年生のときからゆとり教育が始まった、ゆとり教育どまん中です。母親の私には子どもたちはゆとり教育の被害者という意識がありましたが、この本を読んで、そんなレベルの話ではないという日本の教育の実態を知りました。

将来とか、仕事とか、就職を真剣に考えなくてはならないこの時期にきて何を指針にしていったらいいか悩みます。日本という国、そのものが、先が見えなくてとても不安です。

（主婦・47歳・AKさん）

教師自身も人間性や常識の欠如があちらこちらで見受けられるようになっていると思います

中学校の教師をしていますが、教師の立場から、私たち教師も人間性や常識の欠如が、あちらこちらで見受けられるようになっていると思います。利己主義的、自己満足的な発言や行動が多くなっていると思うことも多々あります。教師の教育を再考することも必要なのではないかと思います。そういった教育の観点からの情報も、ぜひよろしくお願いします。

（教師・50歳・KTさん）

ありのまま（真実）の教育事情を親、先生、すべての教育者等に向かって発信し続けてください

私が学生だった頃は、先生といえば一線を置く存在（尊敬する教育者）でした。いつしか先生も生徒と同じレベル（お友だち感覚）です。そんな時代になってしまい、あちらこちらで学級崩壊という言葉を聞くようになりました。そのようなとき、未来の子どもたちの為により良い教育づくりに力を入れていらっしゃるという尾木先生のこの本のシリーズに出会い、大変感動しております。

今後も、ありのまま（真実の教育事情）の問題を多くの子育て中の親

たち、他の教育者たちに語り続けて頂きたいと思います。（塾講師・38歳・ＩＨさん）

知識を得る勉強より、生きる力をつける学びが大切だと認識

教育について家庭や学校、進学や就職など、いろいろ考えさせられました。子どもに対しては、なによりも愛が大事ということ。知識を得る勉強より、生きる力をつける学びが大切だと認識すること…。

昔に比べて先生方がとても事務的に感じられる事がありますが、今の先生方は忙しくなってしまったのでしょうか？　ロボット先生のようで…。もっと感情を出してもいいのでは？　と思ったりします。（小学校の先生に対して）もっとコミュニケーション力をつけてもらうことを望みます。（会社員・37歳・ＹＳさん）

子育ては終わりましたが、まだまだしなければならない事があると気付かせてくれました

今回の震災で両親を亡くした子どもたちや親元から離れて生活している子どもたちがたくさんいます。子育てが終わったはずのおじいさん、おばあさんが亡きお父さん、お母さんに代わって子育てをしている姿を思い浮かべると涙がでます。「子どもたちが成人して、子育てが終わった…」そう思っていた自分にも、まだまだしなければならない事があると気付かせてくれました。

（自営業・51歳・ＫＹさん）

甘い生活を送っていた、自分自身の学生時代を後悔しています

自分自身を振り返り、甘い学生生活を送っていた事を後悔しました。子どもには後悔することのないよう、このシリーズで学んだことを伝えてゆきたいと思います。

地域の公立中学校が先生の手がつけられないほど荒れています。もう20年も前からそのような現象が起きているように思います。これが、私の住んでいる地域の教育の現状です。

（看護師・44歳・ＨＡさん）

子どもの学歴ばかり気にしていた「私自身の子育ての間違い」にこの本でようやく気付きました

現時点での子どもの学歴が親よりも低いことが私にとっては何とも複雑で、精神的にとても苦痛でした。

自分もたいしたことはないのですが…。でもこの本を読んで「そんな事はどうでもよく、小さなこと」と思えるようになり、少しずつ楽になりました。次号も楽しみにしています。（音楽教室勤務・41歳・ＭＩさん）

尾木直樹

教育評論家、臨床教育研究所「虹」所長、法政大学教授・教職課程センター長、早稲田大学大学院教育学研究科客員教授。

1947年滋賀県生まれ。早稲田大学卒業後、海城高校や公立中学校などで教師として22年間、ユニークで創造的な教育実践を展開。

その後、臨床教育研究所「虹」を設立し、子どもと教育等に関する調査・研究活動に取り組む。また全国への講演、テレビやラジオへの出演、新聞・雑誌への執筆、著書の出版等に幅広く活躍する。

最近は、テレビのバラエティ番組にも出演。「尾木ママ」の愛称で親しまれている。著書は180冊を超える。

臨床教育研究所「虹」

教育評論家・尾木直樹の調査・研究・評論活動をサポートすると共に、子ども・青少年、教育、メディアに関わる課題に対してフィールドワークを土台とした調査・研究活動を進めている。

あまり知られていない学校の内実や子どもたちの姿をリアルにとらえて、社会に伝えていくと同時に、閉鎖的になりがちな学校にも社会の風を吹き込んでいく。

また、学校と社会の間を評論、調査・研究等を通して「虹」の掛け橋としてつなぐことを目指している。

さらに、教育界や社会の動きに敏感に対応しながら調査・研究活動を行い、その成果は「レインボー・リポート」としてまとめて情報発信をしている。

「未来への教育」シリーズ②

グローバル化時代の子育て、教育「尾木ママが伝えたいこと」

著者　尾木直樹

協力　臨床教育研究所「虹」　花塚絵理子　渡部樹里　服部紗衣子　趙明

2012年4月23日　第1刷発行

企画　（株）パンクリエイティブ

出版プロデュース　柴田敬三

発行人・編集人　高橋利直

発行所　（株）ほんの木

〒101-0054　東京都千代田区神田錦町3-21 三錦ビル

TEL 03-3291-3011　FAX 03-3291-3030

Eメール info@honnoki.co.jp　URL http://www.honnoki.jp

印刷所　中央精版印刷（株）

デザイン　石塚亮

イラスト　松橋元気

編集　（株）ほんの木

　　　戸矢晃一

編集協力　向後真理　新里涼子

営業　野洋介　柳沢秀明

総務　岡田承子　寺嶋万咲子

郵便振替口座 00120-4-251523　加入者名（株）ほんの木

・このシリーズの「定期購読」、編集部への「ご意見・お問合せ」は下記までお願いいたします。

TEL 03-3291-3011　FAX 03-3295-1080　Eメール　info@honnoki.co.jp

〒101-0054 東京都千代田区神田錦町3-21　三錦ビル（株）ほんの木

ISBN978-4-7752-0080-3　C0030

「未来への教育」シリーズの主なテーマ（3号〜6号は予定です）

創刊号	尾木ママの 教育をもっと知る本	4号	学力と子どもにとっての幸せ 〜競争、学歴社会よ、さようなら〜
2号	グローバル化時代の子育て、教育 「尾木ママが伝えたいこと」	5号	教師格差と困った親たち 〜モンスターペアレントとモンスター教師〜
3号	学校と子どもを元気にする方法 〜学校、学力、教師力。親とともに考える〜	6号	いじめと家庭、いじめと学校 〜いじめのあるクラスと無いクラス〜

「未来への教育」は２〜３ヵ月に１冊発行のA5サイズのブックレットシリーズです。６冊セットは、定価1,575円×6冊=9,450円（税込）のところ、8,400円（税込）【送料無料】とお得です。各号"バラ"での購入も承ります。

【お支払いは２つの方法からお選び下さい】

①既刊本のお届け時に宅配代引によるお支払い…既刊本お届け時に、全6冊分の割引合計金額8,400円（税込）【送料無料】をお支払い下さい。
②コンビニ、銀行、郵便局での後払い…書籍到着後、専用のお振込用紙を別送にてお届け致します。【送料無料】
③インターネットからのご注文…小社のホームページ http://www.honnoki.jpからお申し込み下さい。クレジットカードもご利用頂けます。【送料無料】

お申し込みは、お電話、FAXメールで受付け致します。
「ほんの木」●〒101-0054東京都千代田区神田錦町3-21三錦ビル
●TEL 03-3291-3011　●FAX 03-3295-1080　●メール info@honnoki.co.jp

♥尾木ママ・ファンクラブもあります。ご入会ご希望の方♥

「未来への教育」シリーズとは別に、尾木直樹さんのとっておき情報をお届けする尾木ママ・ファンクラブ「未来の種」もあります。ご入会ご希望の方は、下記「尾木ママ・ファンクラブ事務局」までご連絡下さい。折り返りファンクラブ事務局より、既刊の会報等、および年会費2,100円（税込）の振込用紙をお送り致します。

●FAXでのお申込みの際は、①ご住所 ②お名前 ③電話番号 ④ご職業 ⑤年齢 ⑥メールアドレス ⑦尾木ママ・ファンクラブ入会希望と必ず書いて下さい。

＜会員特典（予定）＞ ●会報の送付 ●尾木ママ「オリジナルクリスマスカード」プレゼント ●オリジナルグッズの販売 ●その他も色々企画中

「尾木ママ・ファンクラブ事務局」
〒101-0054　東京都千代田区神田錦町3-21三錦ビル
TEL: 03-3291-3050　FAX: 03-3295-1080

祖国よ、安心と幸せの国となれ

リヒテルズ直子 （オランダ教育・社会研究家）著

定価1,470円（税込）

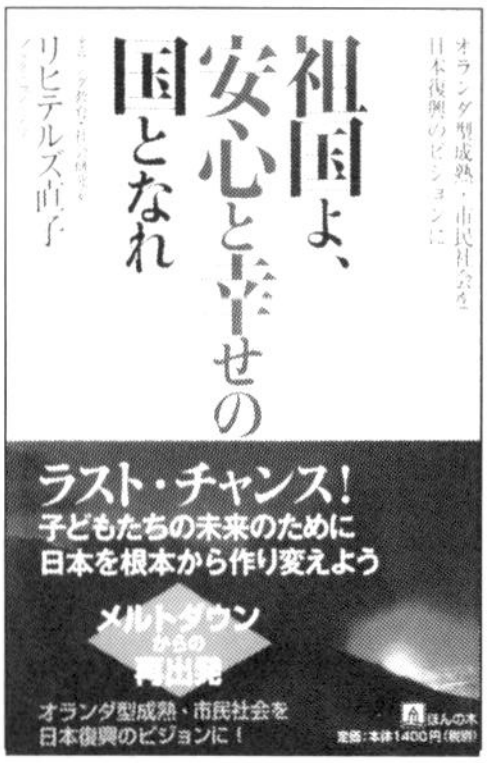

オランダ社会が実現してきた、共生、多様性、平等性、市民社会の持つ民主主義と安心、幸せの原理…日本を創り変えたいと願うすべての人に贈る復興と再生へのビジョン。古い社会に戻すか、新しい未来をこじあけるか、日本の進路を問う、待望の力作！

リヒテルズ直子／九州大学大学院修了（比較教育・社会学）。81～83年マラヤ大学研究留学。83年～オランダ人の夫と子育てをしながら、ケニア、コスタリカ、ボリビアで生活。96年よりオランダに在住。翻訳、通訳、執筆。著書に「残業ゼロ授業料ゼロで豊かな国オランダ」（光文社）他、尾木直樹さんとの共著に「いま開国の時、ニッポンの教育」（ほんの木）がある。

いま「開国」の時、ニッポンの教育

対談集／尾木直樹（教育評論家）
リヒテルズ直子（オランダ教育・社会研究家）

定価1,680円（税込）

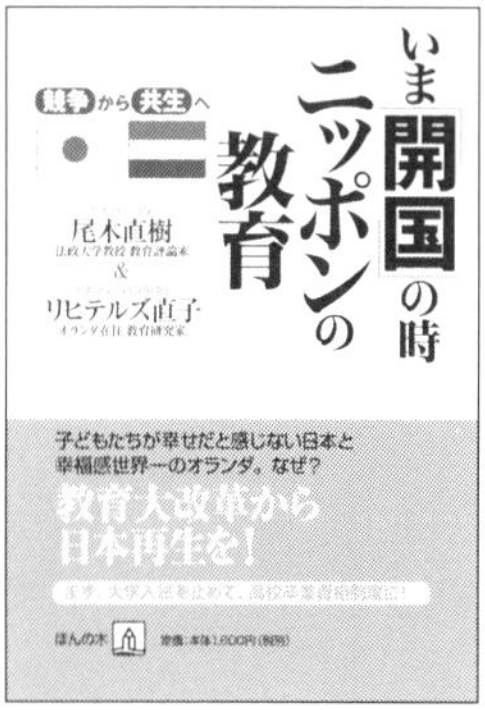

子どもたちが幸せだと感じない日本と、
幸福感世界一のオランダ。違いは何？

「ＥＵのように、大学入試を中止して、高校卒業資格制度を採用すれば、日本の教育は激変する！日本再生、再建の第一歩は、オランダにあり！ 日本再生のモデルは、もはやアメリカには無い!」など、オランダ（EU）から見た、日本の教育の問題について語る意気投合対談。この本を読んでいくと、日本でも未来への希望が湧いてきます。教育を大改革して、日本が幸せを感じられるような国になるように、ご一緒に考えてみませんか。

市民の力で東北復興

ボランティア山形（綾部 誠　井上 肇　新関 寧　丸山弘志）著

定価1,470円（税込）

東日本大震災後、福島の原発事故による避難者を迎え、立ち上がった山形県米沢市民と、全国から支援に結集した心ある仲間たち。宮城、岩手、福島各県の地震・津波被災者に、物資とボランティアを送り続け、その運営体制と実践力が高く評価された「ボランティア山形」。その活動を最前線に立つ四人の理事が語る白熱の一冊。ボランティアの組織・運営に関するノウハウも具体的に数多く紹介しています。

ボランティア山形 / 1995年1月の阪神淡路大震災を機に結成。東日本大震災救援活動では従来の物資供給や人的支援に加え、各ボランティア団体や大学、行政などと連携をし、避難者支援や政策提言などを行う中間支援組織的な役割を果たした。

アマゾン、シングーへ続く森の道

白石絢子（熱帯森林保護団体事務局長）著

定価1,575円（税込）

東京で何不自由なく育った若者が、偶然に導かれるようにアマゾンに惹かれ、そして現地へ…。ブラジルの経済発展にともなう、目を疑うほど大規模な森林破壊。アマゾンと日本との深い関わり。そして、めったに日本人が入ることのできない、アマゾンに暮らすインディオ（先住民）の村での濃密な日々。驚き、感動、喜び、学びが、ギュッと詰まったアマゾン体感型エッセイです。

白石絢子 / NPO法人熱帯森林保護団体（RFJ）事務局長。1979年東京生まれ。2005年より毎年、RFJ代表の南研子とともにブラジル現地支援に同行し、支援対象地域であるブラジル、アマゾンのシングー先住民保護区域に入る。現在は事務局長としてRFJの活動を担っている。

もし、あなたが、その子だったら？

ほんの木 編　定価 1,575円（税込）

LD、ADHD、自閉症、アスペルガー症候群など障がいを持つ子どもとどう共生していけるのか？　親として、大人として、共に生かし合うための第一歩を学ぶ1冊です。

ほめる、叱る、言葉をかける 自己肯定感の育て方

ほんの木 編　定価 1,575円（税込）

日常の何気ない言葉の使い方など、親として子どもの自己肯定感を育むためにできることを学ぶ本です。

気になる子どもと シュタイナーの治療教育

山下直樹（スクールカウンセラー・シュタイナー治療教育家）著

定価1,680円（税込）

障がいを持つ子の理解のしかたや、よりよい支援方法を、シュタイナー治療教育家がわかりやすく説明します。

子育てがうまくいく、とっておきの言葉

ほんの木 編　定価1,680円（税込）

自然派ママに人気の「子どもたちの幸せな未来」シリーズ全30冊から、心に残る一言集ができました。食やしつけなどテーマ別のシンプルな言葉に、発見や納得が満載。

暮らしの知恵と生活マナー

栗田孝子（未来空間代表）著

定価1,680円（税込）

暮らしと生活のベテラン編集者が、いつの時代も変わらずに子どもたちに伝えていきたい生活の知恵を厳選。家事やマナー、生活術をイラスト入りで紹介します。

ご注文・お問い合せ　ほんの木　TEL 03-3291-3011　FAX 03-3291-3030

メール info@honnoki.co.jp　　ホームページからもご注文頂けます　http://www.honnoki.jp